남양주 석실서원

남양주 석실서원

윤종일 · 임병규 · 민경조 · 김희찬 · 나호열 지음

景仁文化社

책을 펴내며

잊혀진 정신문화의 산실

석실서원은 병자호란 때의 절의 충신 청음 김상헌과 선원 김상용을 기리기 위해 1656년 창건되었으며 1663년 사액서원으로 승격되었다. 1868년 대원군의 서원철폐령으로 훼철될 때까지 200여년간 그 명성에 걸맞게 숱한 인재를 배출하였으며 조선말의 정치 사상 문화 전반에 걸쳐 커다란 영향을 끼쳤다.

붕당정치의 추이에 따라 퇴출과 복설에 변화가 있었으나, 주벽으로 모셔진 김상헌과 김상용 외에 김수항 민정중 이단상 김창협 김창집 김창흡 김원행 김이안 등이 추가로 배향되었다. 배향 인물 외에도 수많은 학자 문인들이 석실서원과 인연을 맺었다. 묘정비문을 쓴 우암 송시열을 필두로 기원 어유봉, 성재 민이승, 지촌 이희조, 송암 이재형, 여호 박필주, 도암 이재, 사천 이병연, 겸재 정선, 관아재 조영석,

근재 박윤원, 대곡 김석문, 이재 황윤석, 담헌 홍대용 등 각 부문에서 일가를 이룬 동량들이 석실의 문하를 드나들었다.

석실서원이 지니는 정신문화적 의의는 크게 다음과 같이 정리할 수 있다. 첫째, 외세에 저항한 충절의 상징이다. 비록 실용주의적 관점에서 해석을 달리할 수 있으나 죽음을 무릅쓰고 굴종을 거부한 기개는 존숭할 가치가 있는 실천적 자세라 할 만하다. 둘째, 조선중화주의의 성립을 가능하게 한 철학사상의 토대를 놓았다. 사변화의 폐해가 있긴 하였으나 성리학의 이론을 한 단계 심화시킨 학문의 전당이었다. 셋째, 진경문화의 산실이다. 진경시문학이나 진경산수화 인물풍속화 등 조선적 특질을 강조하는 고유문화의 발상지라 할 수 있다. 넷째, 관념적 주자학에 대한 반성으로서 실심실학을 추구하는 북학론의 태동에 기반을 제공하여 지배세력 내에 신사조를 형성시키는 데 공헌했다.

그러나 석실서원으로 인한 폐단 또한 없지 않았다. 석실서원의 전통에 충절과 은일이라는 산림적 기상이 없지 않았으나, 조선후기 환국 정치의 소용돌이 속에 당쟁의 중심이 되는 운명을 피할 수 없었다. 그 결과 '석실'의 장동김씨 일문과 문하생들이 권력의 중추로 자리잡는 데는 성공하였으나, 서원은 "가묘로 전락하고 세도정치의 본원이 되었다"라는 세간의 비난을 받기에 이르렀다.

도성 인근에 자리하고 있으면서 온갖 명사 문인 묵객들이 출입하며 교류했던 본래의 성대한 모습은 이제 그 흔적조차 찾아보기 힘들다. 석실서원만큼 영욕과 부침을 겪으며 역사의 뒤안길로 깨끗이 사라져 버린 문화유적이 또 있을까. 그 역사적 문화적 가치에 비해 이렇게 경시되고 있는 사적도 아마 없을 것이다.

1998년 남양주시와 남양주문화원의 지원으로 서일대학에서 석실서원 유지에 대한 지표조사를 시행하고 문헌자료를 분석하여 그 결과를 보고서로 발간한 바 있었다. 적지 않은 시간이 흘렀지만 한탄했던 그 때의 그 심경이 지금도 그대로 느껴진다.

석실서원의 유구는 완전히 훼손되었으며 주춧돌마저 이리저리 흩어져 카페의 장식물 등으로 쓰이고 있는 실정이다. 석실서원 일대의 난개발은 전혀 통제되지 않고 있으며, 절경을 이루고 있던 미호 호안도 필요없는 제방공사로 옛 정취를 완전히 잃고 말았다. 이제 겸재 정선이 남긴 『경교명승첩』에 실린 석실서원과 삼주삼산각 그림만이 그 때의 풍광을 짐작하게 해주는 유일한 단서로 남게 되었다.

문화관광입국 문화경쟁시대를 말하면서 어찌 이렇게도 무지할 수 있단 말인가. 그러나 지금이라도 늦지 않았다. 석실서원은 그 역사적 비중에 비추어 볼 때 정부가 의지를 가지고 반드시 되살려내야 할 의미있는 문화유산이다. 앞에 열거한 석실서원의 문화사적 의의만으로도 우리가 이를 제대로 기억하고 보전하고 활용해야 할 이유가 되고 남음이 있기 때문이다.

이렇게 소중한 사적을 방치한다면 우리는 미래세대에게서 역사와 문화를 말 할 자격이 없다는 비난을 들어 마땅하다. 그래서 우선 아쉬운 대로 석실서원과 관련된 문헌자료들을 조사하고 이를 분석해 한 권의 책으로 엮었다. 이 작업이 석실서원 활성화와 일반의 관심을 이끌어내는 작은 계기가 되었으면 하는 바람이다.

오늘 이 책을 내기까지 여러분들의 참여와 도움이 있었다. 모두에게 감사드린다. 특히 이번 작업에 정성을 다했던 임병규 선생이 결실을 보지 못한 채 유명을 달리해 이루 표현하기 힘든 슬픔을 느낀다. 고인의 뜻을 이어나갈 것을 다짐하면서 삼가 명복을 빈다.

2014년 10월 3일

윤종일

차 례

제 1 장
서원의 기원과 설립 목적

서원이란 명칭이 유래된 것은 당(唐)나라 현종(玄宗) 때 궁중에 있던 서적의 편수처였던 여정전서원(麗正殿書院)과 집현전서원(集賢殿書院)에서 유래되었다고 한다.[01] 그러나 『기보통지(畿輔通志)』 봉룡서원(封龍書院) 조에 "한(漢)의 이궁(李躬)이 수업한 곳이며, 당(唐)의 곽진(郭震), 송(宋)의 이방(李昉)과 장반(張蟠), 원(元)의 이치(李治)와 안희(安熙)가 모두 이곳에서 강학하였다."[02]라는 기록이 있는 것으로 보아, 아마 한대(漢代)에 장서소(藏書所)로, 또는 강학소(講學所)로서의 형태로 이어져오던 것이 송대(宋代)에 이르러 강학과 사묘(祀廟)를 겸비한 서원의 형태

---

01 최완기, 『한국의 서원』 서울: 대원사, 2006. 6쪽.

02 『畿輔通志』 卷29, 「書院」, 〈封龍書院〉, "漢李躬授業之所, 唐郭震宋李昉張蟠元李治安熙, 皆講學於此." 이외 『明一統志』 권3, 「書院」 〈封龍書院〉조에도 이와 비슷한 내용이 나온다.

로 발전하였다고 하겠다. 특히 송대의 역대 제왕들은 교육을 권장하는 의미에서 이들 서원에 원액(院額)을 하사하고, 서적과 전토를 급여하는 등 서원을 교화의 근원지로 여겨 장려하였던 것이다.

『속송편년자치통감』에 의하면, 송나라가 처음 건국할 때부터 숭양서원·석고서원·악록서원·응천부서원·백록동서원 등 다섯 곳이 있었다.[03] 이 중 백록동서원(江西 廬山), 악록서원(湖南 長沙), 숭양서원(河南 登封), 응천부서원(河南 商丘)은 송나라의 4대서원으로 이름을 떨쳤다. 특히 '응천부서원'은 부민(府民) 조성(曹誠)이 세웠는데, 송 진종(宋眞宗)이 서원의 이름을 하사하였고, '백록동서원'은 남당(南唐) 승원(昇元 937~943) 연간에 세웠으며 태평(太平) 2년에는 강주지사(江州知事) 주술(周述)이 구경(九經)을 하사하기를 청하자 이를 허락하였다고 한다. 또 '악록서원'은 송나라 태조(太祖) 개보(開寶, 963~975) 연간에 중담수(中潭守) 주형(朱泂)이 세워 이름을 하사한 것이고, '숭양서원'은 북위(北魏) 시대인 484년 숭양사(嵩陽寺)라는 명칭으로 창건되었다가 수나라와 당나라 때는 숭양관(嵩陽觀)이라 불렸고, 오대(五代)의 후주(後周) 때는 태을서원(太乙書院)으로, 북송(北宋) 초기에는 태실서원(太室書院)이라 불리다가 인종(仁宗) 때인 1035년 악록서원으로 개칭되었는데, 이 서원이 명성을 떨치게 된 것은 북송 때 정호(程顥)·정이(程頤) 형제의 학

---

03 『續宋編年資治通鑑』 권10, "國家肇造之初, 爲書院者, 有伍. 曰嵩陽書院, 曰石鼓書院, 曰嶽麓書院, 曰應天府書院, 曰白鹿洞書院."

술 강연을 통해서이다.[04] 그러나 사람에 따라 송나라 4대서원을 백록동서원·숭양서원·악록서원·휴양서원(睢陽書院)을 꼽기도 한다.

무엇보다 서원의 발전에 크게 기여한 인물은 남송(南宋)의 대학자인 주희(朱熹, 1130~1200)를 들 수 있다. 그는 1175년에 한천정사(寒泉精舍)에서 강학하고, 1179년에는 오현당(五賢堂)을 세워 주돈이(周敦頤) 등을 봉사(奉祀)하기도 하였다. 특히 주희가 남강군(南康軍)의 지사로 부임하여 백록동서원을 다시 일으켜 세우고 스스로 원장이 되어, 〈삼강오륜〉과 『중용』을 학생에게 강의하는 동시에 천하의 학자를 초청하는 등 유교의 이상 실현에 힘썼으며, 아울러 효종(孝宗)의 사액을 청원하여 친필원액(親筆院額)을 하사받게 하였다고 한다. 또 1183년에는 무부정사(武夫精舍)를 설립하고, 1194년에는 '악록서원'을 중건했으며, 다시 죽림정사(竹林精舍)를 건립하여 후진 양성에 전력하였다. 그의 사후 문하생들도 그를 본받아 서원을 많이 세워 자제의 교육에 힘썼으며, 그를 봉사하는 서원을 많이 건립하였다. 그러나 남송 말기에 이르면 서원은 이미 지나치게 설립해서 폐단이 드러날 정도로 보편화되어 유명무실한 지경에 이르게 되었고, 특히 원·명대에도 계속 창설·중건되는 바람에 서원의 폐해가 심각해져, 급기야 명나라 가정(嘉靖) 17년(1538)에는 서원 철폐론이 대두하게 되었다. 이러한 서원 철폐론은

---

04 김학권, 「한국서원의 기원과 발달」 및 『古今事文類聚』 別集 권3 및 『古今合璧事類備要』 別集 권18 참조.

청(淸)나라에 이르러 더욱 격심했으나 서원이 교육기관이었던 관계로 쉽게 시행되지는 않았다.[05]

서원의 기능은 교육이 가장 주된 목적이었지만 선현(先賢)을 존숭하고 그에 대한 제사를 지내는 것 또한 서원건립의 큰 목적 중 하나였다. 즉, 서원은 교육(敎育)과 향사(享祀)라는 두 가지 기능을 가지고 있었다. 특히 조선시대 후기로 내려올수록 서원의 존립 의의가 교육보다는 향사에 더욱 치중하는 경향을 보였다. 그 밖에도 서원은 원임(院任)과 유생(儒生)들이 모여 향촌과 나라에 관한 일들을 논의하고 공론을 형성하는 장소였으며, 도서를 간행하고 보관하는 곳이기도 하였다. 서원이 갖는 최고의 교육적 기능의 하나는 지방의 사림들에 의해서 세워진 사립학교이면서도 지방의 최고 지성인들의 모임을 가능하게 하였고, 그러한 구조와 기구를 통하여 지방문화의 중심적인 기능을 발휘하였다.[06]

조선시대의 서원은 설립 초기부터 '자신의 인격완성을 위한 학문'의 이념을 표방하고, 관학(官學)이 학령과 과거 공부에 얽매여 학문과 인격의 완성을 추구하는데 장애가 된다고 하여, 인격도야의 장소로 설립되기 시작하였지만, 양반들의 출세를 위한 유일한 통로는 과거에

---

05 具永熙, 『書院의 成立背景에 對한 史的考察』(成均館大學校敎育大學院碩士學位論文, 1984), 6-9쪽 참조.

06 李範稷, 「朝鮮前期 書院의 敎育機能」, 『한국사론』 제8집, 국사편찬위원회, 1980.

합격하여 관직에 진출하는 것이었던 시대에 서원이 당시 국가에서 실시하고 있는 과거 시험을 외면하면서 학문과 교육에만 집중할 수는 없었던 것이다.

제 2 장
조선시대 서원 건립의 추이

안향(安珦, 1243~1306)에 의해 고려 말 원(元)으로부터 성리학이 전래되고, 조선의 건국과 더불어 주자학이 건국이념으로 확립되어 널리 보급되면서 조선의 지식인(=성리학자)들은 주희를 흠모하여 그의 생활양식까지 본받고자 하였다. 1543년(중종 38) 풍기군수 주세붕(周世鵬, 1495~1554)이 고려시대의 학자 안향을 기리기 위하여, 백록동서원을 본떠 경북 영주시 순흥면에 백운동서원(白雲洞書院)을 세웠는데, 이것이 한국 서원의 효시가 되었다. 이어 그는 1588년(선조 21)에 황해도 황주군 황주읍 예동에 주희의 학문과 덕행을 기리기 위해 '백록동서원'을 건립하였다. 이처럼 중국에서 서원의 폐단이 심각하게 대두되고 있을 때, 우리나라에서는 서원의 설립이 이루어지고 있었던 것이다.

백운동서원 이전에 이미 다양한 형태의 서원이 있었던 것으로 보인다. 향사 기능으로서의 서원으로는 고려 충숙왕 14년(1327)에 건립된 계림서원(鷄林書院, 경북 안동)을 비롯해서 고려 때 건립된 것으로 전하는 무성서원(武城書院, 전북 정읍), 조선조에 들어와 건립된 봉산서원(鳳山書院, 1393년, 경북 봉화), 도천서원(道川書院, 1401년 경남 산청), 고죽서원(孤竹書院, 1430년, 경북 안동), 용암서원(龍巖書院, 1488년, 전북 김제), 덕림서원(德林書院, 1505년, 경북 영일), 속수서원(涑水書院, 1509년, 경북 의성), 옥동서원(玉洞書院, 1518년, 경북 상주), 자계서원(紫溪書院, 1518년, 경북 청도), 도동서원(道東書院, 1534년, 전북 부안) 등이 있었으며, 1420년(세종 2)에 "김제 전 교수관(教授官) 정곤(鄭坤)은 사재로 서원을 세웠는데, 고을 사람들은 물론 타향 사람들도 와서 배우기를 원하는 자이면 다 가르쳐 주었으며, 광주의 생원 최보민(崔保民)이 사재로 서원을 세워 생도를 훈도하고 가르쳤다."[01]고 한 데서도 알 수 있듯이, 강학 기능으로서의 서원이 존재하였던 것으로 보인다.

그러나 선현을 모시고 성리학을 강론하는 향사 기능과 강학 기능을 결합시킨 형태는 앞에서 언급한 백운동서원이 최초이다. 1541년 7월에 풍기군수로 부임한 주세붕이 1542년에 관내인 순흥(順興)에 이 지방 출신인 고려 말의 대유학자인 안향을 제사지내는 사묘(祠廟)를 세우고, 다음해인 1543년 퇴락한 향교를 이건 중수하면서, 동시에 안향의 사묘 앞에 백운동서원을 건립하였다고 하였다.[02] 아울러 그는 서

01 『세종실록』 권7, 2년 1월 21일(경신). "金堤前教授官鄭坤, 私置書院, 境內與他鄕自願來學者, 無不敎訓. 光州生員崔保民, 私置書院, 訓誨生徒."

02 周世鵬, 『竹溪志』 「學田錄跋」, "旣立文成公廟, 奉安影幀. 思有廟不可無書院,

원을 건립하게 된 목적에 대해,

> 하늘이 뭇 백성을 낳아 사람으로서의 가치를 지니게 되는 것은 교육이 있기 때문이다. 사람이 배우지 않으면 아버지는 아버지답지 못하고 자식은 자식답지 못하며, 지아비는 지아비답지 못하고 지어미는 지어미답지 못하며, 어른은 어른답지 못하고 아이는 아이답지 못한다. …… 그런데 이 교육은 반드시 존현(尊賢)으로부터 시작되는 것이므로 이에 사묘(祠廟)를 세워 덕을 숭상하고, 서원을 세워 학문을 돈독히 하려는 것이다.[03]

라고 하여, 서원의 설립목적을 사람이 사람답게 살기 위해서는 교육이 필요하며, 교육은 존현으로 시작되기 때문에 이 지역의 선유(先儒)인 안향을 존봉(尊奉)하는 사묘를 세워 덕을 숭상하게 하고, 사묘를 출입하는 유생들이 독서하고 학문을 닦을 수 있는 서원을 세우게 되었다는 것이다. 그로부터 5년 후인 1548년(명종 3) 퇴계(退溪) 이황(李滉, 1501~1570)이 풍기군수로 부임하여 사액(賜額)을 주청하였고, 2년 후인 1550년(명종 5)에 소수서원(紹修書院)이라는 편액이 하사됨에 따라 우리나라 최초의 사액서원이 되었다.

於是立書院."

03 周世鵬, 『竹溪志』「序」, "天生蒸民, 所以爲人者有敎也. 人而無敎, 父不父子不子, 夫不夫婦不婦, 長不長幼不幼 …… 夫敎必自尊賢始, 故於是立廟而尙德, 立院而敦學."

주지하다시피 사액서원이란 왕명(王命)에 의해 편액이 내려지고 서원에 필요한 경비를 보조할 목적으로 면세 토지와 노비는 물론 강학에 필요한 서적까지 주어지는 등 선현에 대한 봉사와 교화사업을 국가로부터 공식적으로 인정받는 특전이 주어진다.

주세붕은 1549년(명종 4) 황해감사로 있으면서 그 곳 해주에 또다시 고려의 문신인 최충(崔沖, 984~1068)을 봉사하는 수양서원(首陽書院)을 설립하였다.[04] 이처럼 고려의 문신을 숭상하게 된 것은 성종(成宗) 때 점필재(佔畢齋) 김종직(金宗直, 1431~1492)이 정몽주(鄭夢周, 1337~1392)를 충신으로 받들고, 그를 성리학의 시조로 추앙한데서 시작되었다. 그 후 조광조(趙光祖, 1482~1519)가 정몽주의 문묘종사(文廟從祀)를 주장하면서 더욱 존숭하게 된 것이다.[05]

그러나 서원이 널리 보급되어 정착되기 시작한 것은 '백운동서원'이 건립되고 7년 후인 1550년(명종 5) 이황의 노력으로 백운동서원이 사액서원이 되면서부터이다. 그는 풍기군수로 있던 1549년(명종 4) 12월에 경상감사 심통원(沈通源)에게 올린 글에서 당시 향교의 폐단에 대해,

내가 보건대, 지금 국학(國學)은 원래 현명한 선비가 관여하고 있지만, 저

04 소수서원과 함께 1550년(명종 5)에 사액서원이 되었다.

05 김학권, 「한국 書院의 기원과 발달」『열린정신 인문학연구』 제10집 제2호, 원광대학교 인문학연구소, 2009, 221쪽 참조.

> 군(郡)·현(縣)의 학교는 한갓 허울만 남았고 가르침이 크게 무너져, 선비들이 도리어 향교에서 지내는 것을 수치로 여겨 시들고 피폐함이 극심하여 구제할 방법이 없으니, 한심하다 하겠습니다.[06]

라고 하여, 국학인 성균관은 그나마 현명한 선비가 관여하고 있지만, 향교는 허울만 있고 제대로 된 가르침이 없어 선비들이 도리어 향교에 다니는 것을 수치로 여긴다고 하였다. 뿐만 아니라 이황이 1553년 성균관 대사성이 되어 〈사학의 사생에게 유시하는 글〉에, "가만히 오늘날의 학교를 살펴보건데, 선생이나 학생 된 사람이나 혹 서로 그 도리를 잃었다. …… 국학[성균관]에 있어서도 이런 일이 없다고 할 수 없으나 사학(四學)이 더욱 심하다. 얼핏 들으니 사학의 유생들이 스승 보기를 길가는 사람 보듯 하고, 학교 보기를 주막집 보듯 하여, 평상시에 예복을 갖춘 자가 열에 두세 사람도 없고, 흰옷과 검은 갓 차림으로 줄줄이 왕래하며, 스승이 들어오면 수업을 받고 가르침을 청하기는 고사하고, 절하는 예를 행하는 것까지 꺼리며 부끄럽게 여겨, 서재 안에 반듯이 누워서 흘겨보고 나오지도 않는다고 한다."[07]라고 하여,

---

06 『退溪全書』 卷9. 「書」 〈上沈方伯〉. "滉竊見今之國學, 固爲賢士之所關, 若夫郡縣之學, 則徒設文具, 敎方大壞, 士反以游於鄕校爲恥, 其刓敝之極, 無道以救之, 可爲寒心."

07 『退溪全書』 卷41, 〈諭四學師生文〉, "竊觀今之學校, 爲師長爲士子, 或未免胥失其道. …… 其在國學, 不可謂無此, 而四學尤甚. 仄聞四學儒生, 視師長如路人, 視學宮如傳舍, 常時具禮服者, 十無二三, 白衣黑笠, 唯唯往來, 及其師長

당시 최고 교육기관이었던 성균관과 사학의 실태 또한 향교와 다를 바 없다고 하였다. 이러한 관학의 부진에 대해 이황은 다음과 같이 말했다.

> 저 국학이나 향교가 사람이 많이 모이는 성곽 안에 있어서 한편으로 학령(學令)에 구애되고 한편으로 과거 등의 일에 유혹되어 생각이 바뀌고 정신을 빼앗기는 것과 비교할 때 그 공효를 어찌 동일 선상에 놓고 말할 수 있겠습니까?[08]

즉, 관학이 부진하게 된 근본 원인은 학령에 의한 교육의 자율성이 훼손되고 또 외물의 유혹과 출세의 욕구 등으로 제기능을 다하지 못한 것으로 파악하였다. 특히 이황은 우리나라가 교도(教導)하는데 있어 중국의 제도를 따르면서 유독 서원을 설치하였다는 말만은 아직 들은 적이 없으니, 이는 곧 우리나라의 큰 결점이라고 하였다.[09] 아울러 이황은 "중국이 무릇 왕궁과 수도로부터 지방의 고을에 이르기까지 서원이 없는 곳이 없었으니 서원에서 취할 이점이 무엇이길래 중

之入, 受業請益, 姑不言, 至以行揖禮爲憚爲恥, 偃臥齋中, 睨而不出."

08 『退溪全書』 卷9, 「書」 〈上沈方伯〉, "其視國學鄕校在朝市城郭之中, 前有學令之拘礙, 後有異物之遷奪者, 其功效豈可同日而語哉."

09 『退溪全書』 卷9, 「書」 〈上沈方伯〉, "惟我東國, 迪教之方, 一遵華制, 內有成均, 四學, 外有鄕校, 可謂美矣. 而獨書院之設, 前未有聞, 此乃吳東方一大欠典也."

국에서 저토록 숭상한단 말입니까?"라고 반문하고, 서원의 이점을 "은거하여 뜻을 구하는 선비와 도학을 강명하고 학업을 익히는 사람들이 흔히 세상에서 시끄럽게 다투는 것을 싫어하여 서책을 싸 짊어지고 넓고 한적한 들판이나 고요한 물가로 도피하여 선왕의 도를 노래하고, 조용히 천하의 의리를 두루 살펴서 덕을 쌓고 인(仁)을 익혀 이것으로 낙을 삼을 생각으로 기꺼이 서원에 나아가는 것"[10]이라고 하였다. 즉 서원의 이점을 번잡한 도회에서 학문을 연마하는 것이 아니라 한적한 들판이나 고요한 물가로 도피하여 선왕의 도를 익히고 천하의 의리를 두루 살펴 덕(德)을 쌓고 인(仁)을 익히는데 좋다는 것이다. 따라서 서원 교육이 활성화되면, 무너진 학정(學政)을 구제할 수 있어 학자가 귀의할 바가 있고, 사풍(士風)이 크게 변혁되고 습속이 날로 아름다워져서 왕의 교화가 이루어져 성치(聖治)에 도움이 될 것이라 하였다.[11] 뿐만 아니라 "이런 관점에서 말하자면 선비의 학문이 서원에서 역량을 얻게 될 뿐만 아니라, 나라에서 현명한 인재를 얻는데도 틀림없이 서원이 국학이나 향교보다 나을 것입니다."[12]라고 하여,

10 『退溪全書』 卷9, 「書」 〈上沈方伯〉, "隱居求志之士, 講道肄業之倫, 率多厭世之囂競, 抱負墳策, 思逃於寬閒之野, 寂寞之濱, 以歌詠先王之道, 靜而閱天下之義理, 以蓄其德, 以熟其仁, 以是爲樂, 故樂就於書院."

11 『退溪全書』 卷9. 「書」 〈上沈方伯〉, "惟有書院之教, 盛興於今日, 則庶可以救學政之缺. 學者有所依歸, 士風從而丕變, 習俗日美, 而王化可成, 其於聖治, 非小補也."

12 『退溪全書』 卷9. 「書」 〈上沈方伯〉, "由是言之, 非惟士之爲學, 得力於書院, 國家之得賢, 亦必於此而優於彼也."

인재 양생에 있어서 서원만큼 좋은 곳이 없다고 하였다.

이처럼 이황은 서원교육이 성균관이나 향교와 같은 관학교육 보다 우월한 이유로 첫째, 학령의 번거로운 적용을 받지 않으며, 둘째, 환경적으로 서원은 번잡한 시내에 있지 않고 조용한 들과 물가에 있어서 인격공부를 하기에 좋다는 것이다. 그러므로 서원이 육성된다면 훌륭한 통치에 큰 도움이 될 것이라고 주장하였던 것이다.

특히 이황(李滉)은 최충(崔冲)·우탁(禹倬)·정몽주(鄭夢周)·길재(吉再)·김종직(金宗直)·김굉필(金宏弼) 등 선정(先正)의 자취가 있고 향기가 뿌려져 있는 곳에 모두 서원을 건립해야 한다고 하면서, 그 스스로 서원의 건립과 보급에 주력함으로써[13] 서원 건립이 활발하게 이루어지게 되었다. 이렇게 시작된 서원의 건립은 선조(宣祖) 때에는 63곳, 숙종(肅宗) 때 166곳으로 헤아릴 정도의 많은 서원이 세워졌다. 서원의 건립 연대와 사액 서원 수를 도표로 나타내면 다음과 같다.

다음의 도표에서 알 수 있듯이 서원 건립은 경상도에서 가장 활발했으나, 사액의 비율은 경기도가 가장 높았다. 전국에 많은 서원이 설립되자 서원은 사설 교육기관으로서 뿐만 아니라 향촌사림(鄕村士林)의 집합소로, 또한 향촌의 여론을 형성하는 언로(言路)로서 정치·사

13 『退溪集』 권4, 「詩」 〈書院十詠〉에 보이는 書院은 竹溪書院(豊基), 臨皐書院(永川), 文憲書院(海州), 迎鳳書院(星州), 丘山書院(江陵), 藍溪書院(咸陽), 伊山書院(榮川), 西岳精舍(慶州), 畫岩書院(大丘)으로, 모두 퇴계와 밀접한 관계를 갖고 있던 書院이라고 하겠다.

〈서원 건립 연대와 사액 서원 수[14]〉

연대		중종	인종	명종	선조	광해	인조	효종	현종	숙종	경종	영조	정조	순조	헌종	철종	고종	미상	계	사액 비율
지역	구분																			
경상도	건립	2		10	25	12	11	10	14	76	2	6						5	173	32.3%
	사액			3	8	4	1	2	9	25		1	2			1			56	
전라도	건립	2		1	13	5	6	5	8	27	3	4	2					1	77	41.6%
	사액				4			2	7	15	3		1						32	
충청도	건립			1	7	6	5	2	8	27	3	1							60	55%
	사액					3	1		6	15	5	3							33	
경기도	건립			1	6	2	2	4	5	19		1		1					41	95%
	사액				2	2	1	3	4	24		1		1					38	
황해도	건립			1	8	1		3	2	5		1						1	22	77.2%
	사액				1	1				13	1								17	
강원도	건립			1		2	2	2		4		2							13	30.7%
	사액						1		2	1									4	
평안도	건립			2	3		1	1	4	6		1							18	72.2%
	사액					1			3	8		1							13	
함경도	건립			1	1	1	1		5	2		2							13	53.8%
	사액				1	1				4		1							7	
계	건립	4		18	63	29	28	27	46	166	8	18	2	1				7	417	47.9%
	사액			4	16	12	4	7	31	105	9	7	3	1		1			200	

회·문화적으로 중대한 역할을 담당하게 되었다. 특히 사화(士禍)의 여파로 관학이 피폐해진 시기에 서원은 학문과 교육이라는 보호막으로 훈척이나 수령의 견제를 피하면서 유교적 향촌 질서를 확립하려는 사림세력을 결집하는 기능을 발휘하였으며, 17세기에 이르러 붕당정치

14 『민족문화대백과사전』 '서원'조 참조.

가 시작되면서 중앙의 정치세력들은 자파의 서원을 이용하여 정치적 여론을 불러일으키고, 이를 통해 정치적 주도권을 장악하는 등 붕당의 근거지가 되기도 하였다. 이는 붕당정치가 격화되던 숙종 대에 서원의 건립과 사액이 가장 빈번하였던 것에서도 잘 알 수 있다.

서원의 지나친 설립과 사액의 남발은 여러 가지 폐단을 낳았다. 앞에서 언급한 바와 같이 사액서원이 되면, 서원이 소유한 토지에 대해 면세 혜택이 주어지므로 국가 경제에 부담이 되고, 서원에 예속된 사람은 물론 평민들을 유생으로 받아들임으로써 이들의 군역 면제로 인해 피역(避役)의 소굴이 되었다. 그러므로 예조정랑 이복휴(李福休)는, "서원은 곧 학문을 장려하는 곳인데도 요즈음에는 선비들이 학문을 갈고 닦는 효과는 전혀 없고 한갓 잡인들이 먹고 마시는 곳이 되고 말았습니다. 서원에 의탁하여 군역을 기피하는 자가 매 서원마다 거의 1백 명이나 되고 있습니다. …… 서원에 딸린 전토는 본 향교에 귀속시키고 노비는 본 고을에 소속시키며 원생(院生)은 각기 군역에 돌아오게 한다면 각 읍의 군보(軍保)를 채우기 어려운 걱정도 거의 없어질 것"[15]이라고 하였다. 이에 따라 서원에 대한 규제의 목소리가 이어졌다. 규제의 내용은 대략 두 가지로 요약할 수 있다.

첫째, 서원건립에 있어 조정의 허가를 받아야 한다는 허가제의 도입을 들 수 있다. 1644년(인조 22)에 경상감사 임담(林墰)의 건의에 따

15 『정조실록』 권38, 17년(1793) 10월 1일(신유).

라 서원을 건립하려면 먼저 해당 관청인 예조에 알리고, 조정의 허락을 받아야 한다고 하였으나[16] 곧바로 적용되지 못하고, 1657년(효종 8)에 충청감사 서필원(徐必遠)의 상소로 인해 사전에 조정의 허락을 받아야 설립할 수 있게 되었다.[17]

둘째, 서원에서 공부하는 학생의 수를 제한해야 한다는 원생수의 축소를 들 수 있다. 서원 건립 초기에는 양반 자제만을 원생으로 받아들였으나, 후기로 오면서 평민의 자제들을 유생으로 받아들이자 많은 사람들이 군역을 모면하고자 쌀이나 포목 등을 바치고 원생으로 들어오게 되었다. 따라서 서원은 평민의 자제들을 원생으로 받아들여 서원의 부족한 재정을 충당하려는 목적으로 원생의 정원을 크게 확대시켰다. 이에 따라 인조 때에 서원의 정원문제가 거론되었으나 결정을 보지 못하고, 숙종 때 몇 차례에 걸친 논의 끝에 문묘종사에 종사된 대현을 모신 서원은 30명, 사액 서원은 20명, 사액을 받지 못한 서원은 15명으로 제한하였다.

그러나 이러한 규제정책만으로 시효를 거두지 못하자 숙종 후반기인 1714년(숙종 40, 갑오) '갑오정식(甲午定式)'이라 하여, 보고하지 않고 세운 서원들을 하나씩 심의하여 4~5년에 걸쳐서 수십여 개의 서원이 철폐되었다. 이후 보다 본격적인 철폐 조치는 1741년(영조 17)에 단행

16 『인조실록』 권45, 22년(1644) 8월 4일(기미).

17 『효종실록』 권18, 8년(1657) 6월 21일(임진).

되었다. 『영조실록』 17년 4월 8일(임인) 기사에 의하면,

> 무릇 법령이 해이해지는 것은 오로지 흔들고 어지럽히는데 연유한다. 갑오년에 규정을 정한 뒤에 조정에 아뢰지 않고 사사로이 건립한 사우(祠宇)나 서원과 사사로이 추향하는 경우 대신이나 유현을 논하지 말고 모두 철거하도록 하고, 이미 죽은 감사는 논하지 말되 나머지는 모두 파직할 것이며, 수령은 의금부로 잡아들여 조처하도록 하라. 그리고 건립을 적극적으로 주도한 유생은 모두 5년을 기한으로 하여 과거에 응시하지 못하게 하라. 이후 사사로이 건립하거나 추가로 제향하는 경우 감사나 수령은 모두 고신(告身)을 빼앗은 규정을 시행하고, 유생은 멀리 귀향 보내도록 하라.[18]

고 하여, 보다 더 엄격하게 시행하였다. 이어 고종(高宗) 대에 들어오면 본격적인 서원철폐정책이 시행되었다. 1864년(고종 원년) 4월에 대왕대비의 전교로 전국의 서원 실태를 소상하게 조사하여 보고하도록 하고, 이어 대원군은 1865년(고종 2년) 3월에 만동묘를 철폐하고, 고종 5년에는 서원에 납세하도록 하였다. 그리고 고종 5년 8월부터 다섯

18 『영조실록』 권53, 17년(1741) 4월 8일(임인). "凡法令之解弛, 專由於撓攘. 甲吾定式之後, 不稟於朝, 私建祠院及私追享者, 勿論大臣儒賢, 幷撤去. 道臣已故者勿論, 餘皆罷其職, 其守令拿處. 首倡儒生, 幷限伍年停擧. 此後私建及追享者, 道臣守令, 幷施告身之律, 儒生遠配."

차례 걸쳐 미사액서원을 모두 철폐하였다. 그리고 1871년(고종 8) 3월에는 전국의 사액서원 중에서 47개만 남기고 모든 서원을 철폐하라는 명령이 내려졌다. 서원 철폐조치에 대하여 유림들은 통문, 유회, 집단상소의 움직임을 되풀이하였지만 단호히 거부되었으며, 대원군이 하야한 고종 10년 이후에도 유림들의 서원 복설 요청이 계속되었으나 고종 12년의 만동묘 복설 허용 이외에는 일체 허용되지 않았다.[19]

19 윤희면, 「조선시대 서원 정책과 서원의 설립 실태」『역사학보』 제181집, 역사학회, 2004.

제 3 장
석실서원의 건립과 배향과정

이러한 일련의 와중에 인조(仁祖) 때 서인(西人)의 중신으로 활동하다 병자호란 당시 강화도에서 스스로 목숨을 끊은 문충공(文忠公) 김상용(金尙容, 1561~1637)과 죽음을 무릅쓰고 끝까지 싸울 것을 주장한 문정공(文正公) 김상헌(金尙憲, 1570~1652)의 충절과 학덕을 추모하기 위해 1656년(효종 7) 지방 유림의 공의를 모아 창건한 서원이 바로 석실서원(石室書院)[01]이다. 서원 건립의 이유를 백헌(白軒) 이경석(李景奭, 1595~1671)은 다음과 같이 말했다.

---

01 석실서원은 현 경기도 남양주시 수석동 세운내에 소재하고 있었으나, 대원군 때 철폐되어 현재는 그 遺址만이 남아 있다. 세운내란 지명은 書院內에서 유래한 것으로 보이며, 서원 境域이란 의미로 현재 주민들은 세운내로 호칭한다. 세운내와 함께 서원말, 석실마을이란 지명도 병용되고 있다.(서일대학 박물관총서 3 『석실서원』, 서일대 박물관 · 남양주문화원, 1998, 4쪽 참조)

> 서원을 개창하는 것은 본래 선비들의 익힘을 부지런히 진작하도록 하는 것이다. 중국 상서(湘西) 악록서원에서 학업을 익혔다는 것은 송나라의 학자 남헌(南軒) 장식(張拭)의 기록이 매우 자세하고, 형주(衡州) 석고서원에서 학자를 숭상하였다는 것은 회암(晦庵) 주희(朱熹)의 글에서 볼 수 있다. 백록서원을 새로이 구축함과 같은 것은 여전히 예부터 청렴결백한 선비들이 거처했기 때문이었다. 이제 어찌 상고함이 없겠는가? 옛날에도 이러한 것이 있었다.[02]

즉, 이경석은 서원 건립의 목적이 선비들의 학문을 진작시키기 위해서는 물론 '청렴하고 결백한 선비들이 거처했던 곳'을 기리기 위해서라는 것이다. 석실서원을 건립하게 된 배경도 이와 다르지 않았으니 김상용·김상헌 형제의 연고지에 이들을 추숭하는 사묘(祀廟)를 설치하게 된 것은 자연스러운 선택이었다.

> 벼슬한 사람들은 영수(領袖)의 잃음을 슬퍼하고 선비 유생들은 위대한 사람의 죽음을 마음 아파했도다. 이에 도모하지 않았으나 말이 같았으니 드디어 서로 더불어 힘을 다할 것이다. 높은 산을 우러러보며 장차 재기들을 마련하여 영령을 잘 모시는데 군자들이 마땅하게 여기니 모름지기 백

---

02 『白軒先生集』卷15, 「上梁文」〈石室書院上梁文〉, "書院之刱開, 本爲士習之風厲. 湘西嶽麓之肄業, 南軒之記甚詳, 衡州石鼓之崇儒, 晦庵之文可見. 有若白鹿之新搆, 尙因淸士之舊居. 今豈無稽, 古亦有此."

중(伯仲)이 함께 흠향하소서. 대개 두 형제의 아름다움은 진실로 광세(曠世)에 매우 드물게 들리는도다. 어진 부형이 있음을 즐거워하니 감히 혹 형제의 순서를 위반하겠는가? 진실로 참다운 견득(見得)이 없다면 어찌 본래 깃털보다 가볍게 여기겠는가? 하물며 한 켠의 양주(楊州) 땅이겠는가? 바로 두 공(公)의 상재(桑梓)이다. 죽어 제사할 만하니 어찌 한갓 향선생을 짝하겠는가? 도가 보존된 것은 진실로 경대부가 취한 법이로다.[03]

라고 하여, 석실서원은 경외의 사족들의 뜻을 모아 공역을 시작하였다고 하였고, 묘우(廟宇)와 재방(齋房)은 물론 학문을 강마하는 한 곳을 준비했다고 하니, 아마도 강당도 이 때 건립된 것으로 보인다.[04] 이렇게 해서 석실서원은 조선후기 대표적인 서원 중의 하나로 건립되었던 것이다. 이에 석실서원 상량문을 옮겨 놓으면 다음과 같다.

인(仁)을 완성하고 의(義)를 취하는 것은 공자(孔子)와 맹자(孟子)의 가르침이 밝게 드리운 것이고, 남에게 굴하지 않고 소신대로 행동하는 것은

03 『白軒先生集』 卷15, 「上梁文」 〈石室書院上梁文〉, "搢紳悼領袖之喪, 章甫痛梁木之摧. 於是乎不謀同辭, 遂爲之相與致力. 高山仰止 將俎豆而妥靈, 君子宜之, 須伯仲之合饗. 蓋連倫之雙美, 實曠世之罕聞. 樂有賢父兄, 敢或違於雁序. 苟無實見得, 寧自輕於鴻毛. 況一片之楊州. 卽二公之桑梓. 歿而可祭, 豈徒鄕先生之是班. 道之所存, 允爲卿大夫之取則."

04 『白軒先生集』 卷15, 「上梁文」 〈石室書院上梁文〉, "俯月峽之長流, 高開廟宇之穹崇. 旁設齋房之明淨, 松楹柏板. 有儼堂寢之規, 鳥革翬飛. 亦備講劘之所, 莫不聞風而有助."

백이(伯夷)와 숙제(叔齊)의 절개가 남보다 뛰어난 것이다. 한 집안에서 나란히 태어남을 뵈었으니 감히 형제의 공존(共尊)을 빼놓을 수 있겠는가? 그윽이 천년이나 오래도록 성현의 책을 강학하는데 귀하게 여기는 것은 선한 도이고, 삼대(三代) 상서(庠序)의 가르침을 상고하는 것은 윤리만을 밝히는데 있는 것이다. 만약 간난과 위기를 만난다면 만길 벽을 세울 것이고, 진실로 조심해서 법을 지킨다면 백세(百世)의 스승이 될 것이다.

서원을 개창하는 것은 본래 선비들의 익힘을 부지런히 진작하도록 하는 것이다. 중국 상서(湘西) 악록서원에서 학업을 익혔다는 것은 송나라의 학자 남헌(南軒) 장식(張拭)의 기록이 매우 자세하고, 형주(衡州) 석고서원에서 학자를 숭상하였다는 것은 회암(晦庵) 주희(朱熹)의 글에서 볼 수 있다. 백록서원을 새로이 구축함과 같은 것은 여전히 예부터 청렴하고 결백한 선비들이 거처했기 때문이었다. 이제 어찌 상고함이 없겠는가? 옛날에도 이러한 것이 있었다.

생각하건대, 우리 의정부 좌의정 청음(淸陰) 김상헌(金尙憲) 선생은 그 곧음이 쇠살과 같고 맑은 마음이 옥병과 같으며 관율강간(寬栗剛簡)이 치우침이 없도다. 일찍이 황권(黃卷: 책)에서 얻음이 있어 진퇴행장(進退行藏)이 구차하지 않고 만년에는 더욱 그 소심(素心)을 닦아, 충신(忠信)이 평생하였고 문장(文章)은 남은 일로 여겼다. 은하(銀河)의 뗏목 위에서 오나라의 오계찰(嗚季札)이 주나라를 보는 듯이 하고, 옥모(玉貌)의 배소에서 제나라 노중련(魯仲連)이 바다를 건너는 것처럼 하였도다. 위언(危言)과 당론(讜論)은 한 마리 물수리의 바람일 뿐만 아니고 척보(尺步)와 승추

(繩趨)는 여러 용의 표덕을 모은 것이로다. 도거(刀鉅)와 정확(鼎鑊)이 비록 마련되더라도 위무(威武)가 어찌 변이(變移)할 수 있겠는가? 주리만백(州里蠻貊)에 돌아다닌다해도 그 돈독함과 공경함은 순도(順道)에서나 험도(險道)에서 드러나게 할 수 있도다. 송나라 문산(文山) 문천상(文天祥)이 누각에서 내려오지 않아도 연나라의 세속적 일을 결단하고, 한나라 자경(子卿) 소무(蘇武)가 차가운 눈에서도 오래도록 견뎌내 한나라의 절개를 손수 움켜잡았다네. 부주(涪州)에서 귀양살이하던 정이(程頤)의 코밑수염은 옛날보다 더 좋으니 막힘없이 흘러가는 것이 이와 같고, 상(商)나라 왕실의 장마비는 어진이를 생각함이니 이에 정승을 세웠도다. 두 조정이 활짝 트여 마음을 거의 같이하며 다스림을 이루었고, 깊은 골짜기에서 마음껏 노닐며 마침내 자취를 감추고 수명을 다하였도다.

벼슬한 사람들은 영수(領袖)의 잃음을 슬퍼하고 선비 유생들은 위대한 사람의 죽음을 마음 아파했도다. 이에 도모하지 않았으나 말이 같았으니 드디어 서로 더불어 힘을 다할 것이다. 높은 산을 우러러보며 장차 재기들을 마련하여 영령을 잘 모시는데 군자들이 마땅하게 여기니 모름지기 백중(伯仲)이 함께 흠향하소서. 대개 두 형제의 아름다움은 진실로 광세(曠世)에 매우 드물게 들리는도다. 어진 부형이 있음을 즐거워하니 감히 혹 형제의 순서를 위반하겠는가? 진실로 참다운 견득(見得)이 없다면 어찌 본래 깃털보다 가볍게 여기겠는가? 하물며 한 켠의 양주(楊州) 땅이겠는가? 바로 두 공(公)의 상재(桑梓)이다. 죽어 제사할 만하니 어찌 한갓 향선생을 짝하겠는가? 도가 보존된 것은 진실로 경대부가 취한 법이로다.

생각하건대, 우리 의정부 우의정 선원(仙源) 김상용(金尙容) 선생은 중국 한나라 때 벼슬한 동원공(東園公) 기리계(綺里季)이고 깊은 골짜기에서 사는 기룡(夔龍)이더라. 어버이를 섬겨 백행의 근원을 돈독하게 하니 종족이 그 성효(誠孝)에 복종하고 스승을 가려 양현의 도를 높이니 사우들이 그 고명(高明)을 추존하는도다. 성균관에서 거처하면서 가장 뛰어났고 과거에 급제하면서 공적을 이루었도다. 군문(軍門)에 나아가 예(禮)를 강론하니 당시 상서로운 세상의 기린이라 칭송하고, 임금의 잘못을 비판하는데 말을 극진히 하니 사람들은 명양(鳴陽)의 봉황이라 이르도다. 춘추시대 노나라 사사(士師)인 유하혜(柳下惠)의 곧음으로 세 번이나 쫓겨나도 성난 얼굴색이 드러나지 않고 서한(西漢) 시대 문옹(文翁)의 부신(符信)이 다시 나뉘어져 유풍(儒風)이 크게 변하였도다. 거취는 오직 의로우니, 혼탁한 조정에 처하여도 곧음을 실천하였도다. 강상(綱常)을 이에 붙잡으니 흉악한 의논을 배척하는데 올바름을 지켰도다. 청렴결백함이 일상생활에서 보이고 융통성과 지조가 진실로 천성의 그러한 바탕에서 나왔도다. 태고(太古)의 정자에서 배회하고 맑은 바람 드는 누각에서 휘파람불며 시를 읊었도다. 거듭 조정(調鼎)의 자리에 거처하였는데 그 임무는 잘못을 바르게 하는데 있었도다. 세 번이나 귀전(歸田)의 글을 올리니 마음 보존하고 조심하며 녹봉을 받았도다. 위급한 즈음에 당해서 여러 비난이 가슴에 꽉차고, 풍진(風塵) 속에 서있어도 충의로 인한 분한 마음이 가슴에 가득하였도다. 마음은 해와 달에 매달고서 일촌(一寸)의 단성(丹誠)을 외쳤도다. 이내 몸은 구름 노을을 쫓으며 구만(九萬)의 벽락(碧落)에 올랐도다.

빠른 우뢰는 적인(敵人)의 넋을 빼앗고, 죽은 사람의 저고리와 적삼은 종신(宗臣)의 혼에 의탁하였도다. 강개종용(慷慨從容)은 마침내 살신(殺身)의 뜻을 이루고, 훈호처창(焄蒿悽愴)은 사액(賜額)의 제사를 다투어 흠양하는도다. 사해구주(四海九州)는 누가 위열(偉烈)을 듣지 못하겠는가? 형체가 나뉘어졌지만 기운은 같으니, 함께 그 꽃다운 명성을 전파할 수 있으리라.

생각하건대, 우리나라의 두 승상(丞相)께서 이루신 것이 어찌 남조(南朝)의 일시랑(一侍郎)일 뿐이겠는가? 사생(死生)도 위대하니 본래 평상시에 강론한 것이로다. 방가(邦家)의 영광은 영원히 후세까지 그 말이 있을 것이로다. 강하고 빠른 바람은 바야흐로 그 거침을 알 수 있고 태산(泰山)도 높음이 되지 못하는도다. 소나무나 가래나무 있는 이 고을을 돌아본다면 어찌 향사(享祀)를 빠뜨리겠는가? 어찌 숲과 언덕이 있는 자연의 아름다운 경치를 점지하겠는가? 멀리 한강 물줄기의 상류(上游)를 굽어보니 첩첩이 쌓인 푸른 병풍이로다. 석실(石室)에서 가까운 산줄기를 바라보니 한 길의 밝은 거울이로다. 월협(月峽:月岳)에서 흘러온 긴 물줄기를 굽어보고, 묘우(廟宇)의 우뚝 솟음이 높이 열렸도다. 밝고 깨끗한 재방(齋房)을 곁에 마련하니 소나무 기둥과 잣나무 널판이로다. 의젓한 당침(堂寢)의 규모가 있으니 날개 펼친 듯하도다. 또 학문 강마(講劘)하는 한 곳을 준비하니 풍모를 듣고서 도움이 있지 않음이 없도다. 의로움을 끊임없이 사모하니 저 물가와 저 언덕과 같도다. 어르신이 일찍 겪은 것을 상상하며 향사하는도다. 크고 아름다운 건물의 새로움에 기뻐 선비들이 경주하듯 나아가는도다. 푸른 산봉우리 빛이 환해져 양양(洋洋)히 있는 듯하고, 형제는 남이 아니어서 늠늠연(凜凜然)히 예전처럼 살아 있는 듯하도다. 부노(父老)가 새롭게 바뀌 상량의 일을 돕고서, 찬위(贊偉)의 노래를 실현하는도다.

들보 동쪽을 보게나! 한 줄기 긴 강은 만 번이나 굽어 동쪽으로 흐르는도다. 흐르는 물줄기를 시험삼아 본다면, 조정의 뜻이여, 바로 선생이 태양을 향한 충심인 듯하여라.

들보 서쪽을 보게나! 창가 앞에 태양이 서쪽으로 기우는 것 애석하게 여기는도다. 덕업(德業)의 단서는 부지런히 배우는데에서 얻어지니, 어진 사람 보고 어찌 같아짐을 생각하지 않을 수 있겠는가?

들보 남쪽을 보게나! 흰 구름과 푸른 산봉우리 강남에 가득하네. 산과 물도 어질고 지혜로운 자의 즐거움을 알고자 하여 단아하게 앉아 세심하게 찾고 탐구하려는 듯하여라.

들보 북쪽을 보게나! 해를 받드는 모습 진실로 뭇 별이 북극성에 공수하는 듯하네. 물고기 버리고 곰발바닥을 택하였으니 어찌 다른 것을 구하리오? 이치를 밝힌 것은 거경(居敬)에서 얻어지는 듯하여라.

들보 위를 보게나! 처마와 기둥이 노을 위에 아스라한데, 푸른 산봉우리는 우뚝 구름 속에 들었으니, 당대의 옥과 같은 자태를 마주한 듯하여라.

들보 아래를 보게나! 즐거이 아침에는 창가에서 저녁에는 등꽂이에서 모름지기 쉼없이 저술하는 공부 근실하도다. 흘러가는 물줄기 어찌 주야를 가리겠는가?

삼가 바라건대, 상량한 뒤에 진유(眞儒)의 접무(接武)는 아름다운 풍속으로 글을 숭상하고 효를 옮겨 충을 삼았도다. 선비들이 모두 학문에 뜻을 두고 가정에서 나라에서 일은 반드시 경륜에 힘쓰도다. 부자와 군신의 교부(敎敷)와 예의(禮義)와 성신(誠信)의 도천(道闡)은 산하가 바라보이고 간기(間氣)가 여전히 있음을 알고 우주에 이름을 드리우니 나약한 사내로 하여금 스스로 우뚝 서게 하는도다.

두루 알고 있듯이 김상용은 1590년 증광문과에 급제하여 승문원부정자·예문관검열을 거쳐, 임진왜란 때에는 정철(鄭澈)의 종사관으로 활동했으며, 1598년 성절사(聖節使)로서 명에 다녀온 뒤 도승지·대사헌·병조판서·예조판서·이조판서를 두루 거쳤으며 1623년 인조반정으로 서인이 집권한 뒤 노·소(老少)로 나누어지자 노론의 영수가 되었다. 그리고 정묘호란이 일어나자 유도대장(留都大將)으로 서울을 지켰으며, 1623년 인조반정으로 서인이 집권한 뒤 노·소(老少)로 나누어지자 노론의 영수가 되었다. 그리고 정묘호란(1627)이 일어나자 유도대장(留都大將)으로 서울을 지켰다. 1632년 우의정에 올랐으며, 병자호란 때 묘사주(廟社主)를 받들고 빈궁·원손을 수행하여 강화도에 피난했다가 강도(江都)가 함락되자 초문에 쌓아놓은 화약에 불을 지르고 자결했던 인물이다. 반면 김상헌은 인조반정 이후 청서파(淸西派)의 영수로 활동하다가 병자호란이 일어나자 주화론을 배척하고 주전론을 끝까지 주장한 인물이다. 그는 1639년 청나라가 명나라를 공격하기 위해 요구한 출병에 반대하는 상소를 올렸다가 청나라에 압송되어 6년 후에 풀려나 가문의 묘산이 있는 양주 석실촌(石室村)에 은거하면서 척화신(斥和臣)으로 영향력을 발휘하였다. 특히 효종이 즉위하여 북벌을 명분으로 표방하던 시기 효종은 김상헌을 대로(大老)로 추대하여 조야의 중망을 모으려 하였다.[05] 따라서 김상헌이 생을 마감한지 2년 후인 1654년(효종 5)에 서원건립이 발의되고, 2년 후에 서원이 건립되었던 것이다. 그리고 7년 뒤인 현종 4년인 1663년에 석실사(石室祠)라는 편액(扁額)을 하사받고 사액서원으로 승격되었다.

석실서원은 처음에는 김상용과 김상헌만을 향사(享祀)하였다. 경종(景宗)대의 노론 4대신(老論四大臣)의 한 사람인 한포재(寒圃齋) 이건명(李健命)은 〈석실서원봉안문〉[06]에서 다음과 같이 두 선생을 기렸다.

沙相德業 월사(月沙)[07] 상공(相公)은 덕업으로

05 이경구, 「경기지역 서원의 정치적 성격-석실서원을 중심으로」 『국학연구』 제11집, 한국국학진흥원, 2007, 15쪽.

06 『靜觀齋先生別集』 卷5, 附錄 「拾遺」 〈石室書院奉安文(李健命)〉.

07 조선 중기의 문신 이정구(李廷龜: 1564-1635)의 호로 1627년 정묘호란 때에는 화의에 반대하였다. 1628년 우의정이 되고 이어 좌의정에 올랐다. 한문학의 대가로 글씨도 뛰어났다. 신흠(申欽)·장유(張維)·이식(李植)과 함께 조

洲老文彩 백주(白洲)[08] 노인은 문채로 이름 있었네.

導在源浚 인도함이 근원(根源)에 있었으니

實由根漑 결실이 근개(根漑)[09]에서 말미암았네.

先生挺出 선생께서는 특출하게 뛰어나시어

樹立有大 이룩하여 세우신 것 대단하시니

鳳凰出苞 봉황이 꽃봉오리 속에서 나온 듯

鵾鵬掣海 곤계(鵾鷄)와 붕새가 바다를 끌어당긴 듯.

妙歲蜚英 젊은 나이에 명실이 부합[蜚英][10]하여

榮塗無礙 영달의 길에 막힘이 없었으며

淸名雅望 청명하고 고상하다는 명망이

逈拔流輩 같은 또래에서 멀리 빼어나시었네.

寧陵奮發 영릉(효종)께서 분발하여

政先治內 정사에서 내치(內治)를 우선하심에

群賢彙征 군현이 무리를 지어 모였으니

선 중기의 4대 문장가로 일컬어진다. 저서에 『월사집』이 있다.

08 조선 중기의 문신 이명한(李明漢: 1595-1645)의 호로 1643년 척화파(斥和派)로 선양[瀋陽]에 억류되었다. 1645년 명나라에 자문(咨文)을 썼다 하여 청나라에 재차 잡혀갔다 풀려나와 예조판서에 올랐다. 저술에 『백주집』이 있다.

09 뿌리를 뻗도록 물을 잘 대줌.

10 비영등무(蜚英騰茂)의 준말. 명성과 실제가 훌륭하게 서로 부합되는 것을 말함.

千載際會 천 년에 한 번 있을 정도의 좋은 만남이었네.

時則先生 이 때 선생께서는

左右納誨 좌우에서 간언(諫言)을 아뢰었느니

誠深格非 정성은 국사가 그릇됨을 바로잡는데 깊었고

責專啓乃 직책은 계내(啓乃)[11]의 일을 오로지하였네.

大業未究 북벌(北伐)의 대업을 완수하지 못했고

攀髯莫逮 세상 떠난 선왕(先王)을 따르지도 못했네.

世故難言 세상일을 말하기 어려워

卷懷思退 모든 것을 가슴에 품은 채 은퇴를 생각하고

返于初服 벼슬하기 이전의 상태로 돌아가

軒冕一芥 고관대작을 초개(草芥) 같이 보았네.

靈芝之洞 영지동(靈芝洞) 골짜기는

水石可愛 수석이 사랑스런 곳.

簞瓢屢空 소쿠리 밥에 표주박 물이요 쌀독이 자주 비었지만

我心則泰 내 마음만은 태연하기 그지 없었네.

仰思俯讀 하늘 보고 땅 보며 사색하고 독서하시니

探賾無怠 정밀하게 탐구하여 게으름이 없으셨네.

天人之學 천인성명(天人性命)의 학문에다

---

11 자기 마음을 열어 조금도 숨김이 없음. 『서경』 「열명 상(說命上)」에 "너의 마음을 열어서 짐의 마음을 적셔주라"(啓乃心, 沃朕心)고 한 데서 나왔다.

濂洛之派 염락관민(濂洛關閩)의 학파까지
徑路不窄 학문의 경로(徑路)가 좁지 않았으니
至樂自在 최상의 즐거움이 절로 있었네.
著書盈籠 지은 책 대나무 상자에 가득한데
多所講解 강론하여 밝힌 것이 많았네.
由博以約 박문(博文)으로 시작하여 약례(約禮)로 귀결하였고
遇事則沛 일을 만나면 예민하게 대처하시었네.
樂育英才 영재 기르는 것을 즐거워하되
教自掃對 물 뿌리고 비질하는 것부터 가르쳤고
闡發幽娛 심오한 이치 밝혀냄에
日月征邁 날로 달로 진보하시었네.
憂愛一念 우국애군(憂國愛君)의 일념은
進退無改 진퇴에 불구하고 변함이 없었으니
前後封章 임금에게 올린 전후의 글들이
罔非至戒 지극한 교훈 아님이 없었네.
道固難行 도는 진실로 행하기 어려운데
天不曾貸 하늘은 인재를 빌려 준 적이 없었네.
樑摧棟折 들보가 꺾이고 용마루가 부러짐에
士林痛嘅 사림이 통곡하고 개탄하였네.
沒世追思 세상에 안 계셔도 사람들이 추념하니
遺風未沫 남기신 풍도 물거품 되지 않았네.

眷茲石室 이 석실서원 특별히 돌아보며

二賢模楷 양현을 본보기로 삼으니

成就雖殊 성취는 비록 다르지만

道義相配 도의는 서로 짝이 될 만하시네.

慟哭一詠 통곡하고 시 한 수 읊으며

猶想志槩 도리어 지조와 기개를 생각해보네.

若文若老 문아(文雅)함과 노성(老成)함으로도

生並一代 살아서 일세를 아우를 만하였네..

多士咸慕 많은 선비들이 모두 사모하니

英靈共妥 영령께서는 함께 안식을 누리시옵소서.

德豈無隣 덕 있는 분이시니 이웃이 없으리이까?

事若有待 사세로 보아 기대해도 좋을 듯하여이다.

青衿濟濟 훌륭한 선비들 많이 모여

涓吉釋菜 좋은 날 가려 석채(釋菜)를 올리오니

冀佑後學 바라건대 후학을 도와

永世不廢 영원토록 폐하지 않도록 하옵소서.

이처럼 김상용과 김상헌을 기리는 추모의 정이 절실함을 알 수 있다. 특히 노론의 영수로 활약한 우암 송시열은 김상헌을 존주양이(尊周攘夷)의 표상으로 삼았다. 이는 그가 지은 〈석실서원묘정비(石室書院廟庭碑)〉에 잘 나타나 있다.

성인(聖人: 공자)이 『춘추(春秋)』를 지어 공문(空文)을 드리우자, 맹자(孟子)가 이를 일치(一治)의 수(數)에 해당시켰다. 대저 만물의 흩어지고 모임이 모두 『춘추』에 있으나, 만약 그 대경(大經)·대법(大法)을 논한다면 주(周) 나라를 높이고 이적(夷狄)을 물리치는데 지나지 않는다. 천하는 언젠가는 어지러워지게 마련인데, 어지러움이 극도에 이르면 하늘이 다시 그 어지러움을 종식시킬 사람을 낸다. 그러나 그 사람이 토지의 기본과 인민의 세력을 소유한 것이 없으면, 역시 성인의 공문(空文)으로 인하여 대경과 대법을 밝힘으로써 이에 인류는 금수(禽獸)와 다르게 되고, 중국은 이적(夷狄)이 되는 것을 면하게 되는 것이니, 이 또한 일치(一治)일 뿐이다. 대체로 숭정황제(崇禎皇帝: 明 毅宗) 병자·정축 연간에 천하의 어지러움이 극도에 달했다고 할 만하였다. 이때 우리 석실 선생(石室先生: 金尙憲의 호)이 몸소 예의(禮義)의 대종(大宗)을 책임으로 삼아 이미 무너진 강상(綱常)을 세웠고, 중인(衆人)들이 서슴없이 창귀(倀鬼)가 되는 의논을 함에 이르러서도 그것이 그렇지 않다고 명언(明言)하였다. 그리하여 그의 말은 더욱 막히게 되었으나 그의 기개(氣槪)는 더욱 펴졌고, 그 몸은 더욱 곤경에 빠졌으나 그 도는 더욱 형통(亨通)하여졌다. 그러한 까닭에 그 어지러움은 더욱 심하였으나 그 다스림은 더욱 안정되었으니, 퇴지(退之: 唐 韓愈)의, "이전에 맹자가 없었더라면 천하는 다 오랑캐의 옷을 입고 오랑캐의 말을 하였을 것이다." 한 그 말이 진실이다. 선생이 이미 세상을 떠나자, 중외(中外)의 장보(章甫)들이 선생의 옛집 옆 대강(大江) 가에 사당을 세우고는, 선생의 백씨(伯氏) 선원 선생(仙源先生: 金尙容)도 난리에 임하여 정성껏 세교(世敎)를 부호(扶護)했다 하여, 여기에 아울러 신패(神牌)를 받들어 오른쪽에 배향하였는데, 대체로 갑오년(1654, 효종 5) 5월에 사당을 짓기 시작하여 병신년 12월 14일에 배향을 마쳤다.

아, 석실 선생 같은 분은 이른바, 천백년에 한 사람씩 나는 인물인데 또 선원 선생까지 있었으니, 한 가문의 천륜(天倫)이 성대하기도 하다. 아, 치(治)와 난(亂)은 음(陰)과 양(陽)의 이치이다. 그래서 성인이 이미 대역(大易: 易經)을 찬(贊)하여, 양은 끝내 없어서는 안되며 난은 다시 다스릴 수 있음을 보였고, 또 『춘추(春秋)』를 지어 치란의 도구로 전해 주었으니, 이 도가 진실로 밝아지면 이것을 치(治)라고 할 수 있는데, 어찌 적음(積陰)이 구야(九野)에 덮여 있다 하여 양덕(陽德)이 아래에서 밝아지지 않는다고 말할 수 있겠는가. 그러므로 『춘추』가 비록 난을 인하여 지은 것이라고 하나, 천하의 치(治)가 그 속에 없지 않다. 그러나 『춘추』를 가리켜, "문구(文句)가 수만(數萬)이요, 그 지적한 것이 수천이다." 하였으니, 성인의 은미한 말씀과 오묘한 뜻은 비록 알 수 없으나, 오직 주(周) 나라를 높이 숭상한 의(義)는 일월(日月)과 같이 빛나서 비록 소경이라도 볼 수 있다. 지금이나 후세 사람으로 무릇 이 서원에 들어가 당에 올라서 생도(生徒)를 가르치는 자가 선생의 도를 알고자 한다면, 성인의 필삭(筆削)한 뜻만을 가지고 억지로 그 통하기 어려운 것을 통하려 하지 말고, 다만 천고에 바꿀 수 없는 천리(天理) · 왕법(王法)과 민이(民彝) · 물칙(物則)만을 강론해 밝힌다면 비록 성인의 가노(家奴)가 다시 땅속에서 살아난다 할지라도 가하다. 그런 다음에 선생의 공(功)이 큰 것과 하늘이 선생을 내신 것이 참으로 우연이 아님을 알게 될 것이다. 아, 이 어찌 쉽게 속인과 더불어 말하겠는가.

서원이 세워진 뒤 17년(1672, 현종13) 3월 일에 후학 은진 송시열이 쓰다.

즉, 송시열은 "이전에 맹자가 없었더라면 천하는 다 오랑캐의 옷을 입고 오랑캐의 말을 하였을 것이다."라는 한유(韓愈)의 말을 빌어, 김상헌(金尙憲)을 "석실선생 같은 분은 이른바, 천백년에 한 사람씩 나는 인물"이라고 하고, 맹자(孟子)에 비견하였다. 이어 "선원선생도 난리에 임하여 정성껏 세교(世敎)를 부호(扶護)했다."고 하여, 병자호란 때 강화도에서 스스로 목숨을 끊은 김상용을 세교(世敎)를 부호한 인물로 높이 평가하였다.

이처럼 석실서원은 김상용과 김상헌만을 향사(享祀)하였으나, 당쟁(黨爭)의 양상에 따라 추배(追配)와 출향(黜享)이 거듭되는 변화를 겪었다. 1695년(숙종 21)에 서원 첩설(疊設)의 고질적 폐해가 논란이 되고 있는 가운데, 예조참의 이징명(李徵明)이 경기 유생 이세위 등의 상소를 이유로 김수항(金壽恒, 1629~1689), 민정중(閔鼎重, 1628~1692), 이단상(李端相, 1628~1669)을 추가로 배향 할 것을 아뢰었다.

경기의 유생 이세위 등이 고 영돈녕부사 김수항·고 판중추부사 민정중 고 부제학 이단상, 이 세 신하를 양주의 석실에 있는 선정신(先正臣) 문충공 김상용·문정공 김상헌의 사우(祠宇)에 배향하기를 청하였습니다. 대

> 개 양주는 바로 세 신하의 고향이고, 세 신하의 지업(志業)과 덕행(德行)은 당세에 모범이 되기 때문입니다. 그런데 이단상의 경우는 신이 어려서부터 사사(師事)하여 친히 가르침을 받던 분으로서, 지금 많은 선비들의 청에 대해 마땅히 곧바로 복계(覆啓)하여야 하는데도, 신이 감히 동료들과 같이 의계(議啓)하지 못할 점이 있어 이에 감히 대강 천견(淺見)을 진달합니다." 하니, 임금이 해조(該曹)로 하여금 품지(稟旨)하여 거행하도록 하였다.[12]

즉, 이징명이 경기유생 이세위 등의 상소를 내세워 추배를 청하면서, 이들 세 사람은 양주가 고향으로 지업(志業)과 덕행(德行)이 뛰어나다는 것이 배향을 청하는 이유였다. 그러나 바로 시행되지 못하고, 2년 뒤인 1697년(숙종 23)에 김수항·민정중·이단상의 배향이 결정되었으며, 1710년(숙종 36)에는 김수항의 차자 김창협(金昌協, 1651 1708)이 추가 배향되었다. 즉 김창협은 양주 유생 구문기(具文沂, 1662~?) 등의 상소에 의해 석실서원에 배향되는데, 이들을 대신하여 문인(門人) 어유봉(魚有鳳, 1672~1744)이 지은 추배 상소를 살펴보면,

---

12 『숙종실록』 권28, 숙종21년(1695) 4월 10일(신축). "'京畿儒生李世瑋等, 請以故領敦寧府事金壽恒, 故判中樞府事閔鼎重, 故副提學李端相三臣, 配享於楊州之石室, 先正臣文忠公金尙容, 文正公金尙憲之祠宇. 蓋楊州卽三臣桑梓之鄕, 而三臣志業德行, 爲模楷當世也. 至於端相, 則臣自幼師事親炙, 今於多士之請, 宜卽覆啓, 而臣有不敢與右僚同爲議啓者, 玆敢略陳淺見.' 上令該曹稟旨擧行."

김창협의 학문으로 말하자면 먼저 널리 배우고 생각하고 분별하는 노력을 통해 터득하였기에 이 도리를 두루 정밀하게 보았으므로, 위로 진리를 통달하는 공부가 절로 투철하고 명쾌하였습니다. …… 김창협은 김상헌의 증손이자 김수항의 아들이며, 이단상과는 사제의 의리가 있습니다. 또 만년에는 서원 아래의 강가 언덕 위에 집을 짓고 날마다 여러 문생과 책을 읽고 도를 강론한 지가 거의 10여 년에 이르렀으니, 제향(祭享)하는 일은 이곳부터 먼저 하지 않을 수 없습니다.[13]

라고 하여, 학문은 말할 것도 없고, 그가 서원에 배향된 선현들의 후손이자 고제이며, 특히 만년에는 서원 근처에 살면서 문생들에게 독서(讀書)·강도(講道)한 일이 있음으로 우선 석실서원에 배향해야 한다고 하였다. 문인 어유구(魚有龜)가 지은 〈배향봉안제문〉은 다음과 같이 김창협을 기리고 있다.

猗歟先生 間世英傑　성대하도다 선생이여 세상에 드문 영걸이로다
清明溫粹 金玉其質　맑고 순수하여 금옥 같은 바탕으로
早自奮發 文章經術　일찍부터 분발하여 문장이며 경술을

13 『農巖集』別集 권4, 「附錄3」〈請配享石室書院疏 - 代楊州儒生○門人魚有鳳〉, "若昌協之學, 先有得於博文思辨之功, 看此道理, 周遍精切, 其於上達, 自然通透而灑落. …… 昌協, 卽尙憲之曾孫, 壽恒之子, 而於端相則有師生之義焉. 又於晩年, 築室書院之下江岸之上, 日與群學子, 讀書講道, 幾至十有餘年, 則俎豆之事, 不可不先之於斯.

家庭薰襲 師友講說 집안에서 전수받고 사우들과 강론하였네

精思遠詣 力追前哲 깊이 생각하고 멀리 나아가 힘써 선현들을 따랐으며

揚于王庭 經幄密勿 조정에 올라서는 경연에서 모시면서

天德王道 啓沃深切 임금의 덕과 도를 긴밀하게 도왔다네

乃長國子 敎由身率 성균관 대사성이 되어 몸소 이끌어 가르치되

迪以道義 多士心悅 도와 의로 나아가니 선비들이 마음으로 기뻐했네

庶幾賁治 笙鏞黼黻 장차 예악으로 태평성대 이룰 것만 같았는데

歲在龍蛇 吳道磔裂 무진 기사년에 이르러 우리 도가 갈가리 찢기자

竄身荒谷 六載含恤 깊은 산속으로 몸 숨기고 육년 동안 슬픔을 머금었네

逮至更化 尺疏瀝血 다시 세상이 뒤바뀌자 상소하여 피눈물 흘리면서

矢義自靖 脫屣簪笏 물러나 살기로 맹세하고 벼슬을 헌신짝처럼 버렸네

渼湖一曲 棲遲蓬蓽 미호라 한 굽이의 움막집에 거처하며

左圖右書 專心對越 좌우에 도서를 두고 전념하여 마주하며

沈潛積累 研究微密 오래 깊이 파고들어 연구가 정밀하였네

悟寐紫陽 洞窺堂室 자나 깨나 주자 생각하며 그 경지를 꿰뚫어 보고

箚疑是訂 發前未發 『주서차의(朱書箚疑)』 교정하여 숨겨진 뜻 드러내니

遠邇風動 有來叩質 선비들이 바람에 쏠리듯 찾아와 수업을 청하였네

提撕誘掖 兩端俱竭 일깨우고 인도함에 미진함이 없었으니

一世宗仰 昏衢日星 온 세상이 우러러보아 어두운 길거리 해와 별 같았네

天何不憖 山頹樑折 하늘이 남겨 두지 않아 산이 무너지고 대들보 꺾이니

斯文無託 痛悼靡歇 사문이 의지할 데 없어 애통한 마음 한이 없네

曷不尸祝 瞻懷髣髴 어찌 위패를 받들어서 바라보며 그리워하지 않을쏘냐
眷玆石室 靈宮有屹 이 석실을 돌아보니 사당이 우뚝하도다
二老主享 三彦同腏 두 어른은 주벽이요 세 선비를 함께 배향하니
賢祖德義 名父風烈 조부의 덕과 의리 부친의 성대한 풍도
是繼是承 有光先轍 이 모두 계승하여 선조를 빛내었네
至於靜觀 義存事一 정관재(靜觀齋)의 경우는 군사부일체의 의리로
於焉升配 允合情秩 여기에 배향함이 참으로 인정에 맞는다고
僉謀齊籲 聖兪罔咈 모든 이가 함께 호소하자 성상도 거절 않고 허락하여
縟儀孔備 日月其吉 모든 의식을 갖추니 날짜 또한 길하도다
回瞻講宇 丈席曾設 강당과 사우를 돌아보니 일찍이 강론하던 곳이라
英靈若在 俎豆斯列 마치 영령이 있는 듯한데 제기(祭器)를 늘어놓았네
俯仰悽愴 寒水秋月 둘러보면 서글프게 하는 찬 강물과 가을 달이라
尙垂啓佑 永歆芬苾 바라건대 보살펴주고 영원토록 흠향하소서[14]

어유구는 위의 글에서 김창협을 두고 '자나 깨나 주자 생각하며 그 경지를 꿰뚫어 보고 『주서차의(朱書箚疑)』를 교정해서 숨겨진 뜻 드러내었기 때문에 서원에 배향함이 참으로 마땅하다'고 하였다. 그러나 왕위계승 문제를 둘러싸고 경종 1년(1721, 신축년)부터 경종 2년(1722, 임인년)에 걸쳐 일어난 신임사화는 석실서원의 배향에까지 영향을 미치

14 『農巖集』 別集 권2, 「附錄1」 〈石室書院配享奉安祭文-魚有龜〉.

게 되었다. 신임사화는 같은 서인계인 노론과 소론 사이의 일어난 당파싸움으로 소론이 노론을 역모로 몰아 소론이 실권을 잡게 되었으며, 그 결과로 인해 노론 사대신인 영의정 김창집(金昌集, 1648~1722), 좌의정 이건명(李健命, 1663~1722), 영중추부사(領中樞府事) 이이명(李頤命, 1658~1722), 판중추부사 조태채(趙泰采, 1660~1722) 등이 사사되었다. 사화 발행 직후인 1723년(경종 3) 사헌부 지평 심준(沈埈)은,

> 양주의 석실서원은 곧 문정공 김상헌을 제향하는 곳인데, 지난번에 흉당(凶黨)들이 김수항과 그 아들 김창협을 외람되게도 추배하는 열에 끼이게 하였으므로, 사림들의 놀라움과 통분이 지금까지도 그치지 않습니다. 만일 역적 김창집의 아비와 그 아우가 지금 살아 있다면 마땅히 연좌(連坐)의 율(律)을 베풀었을 것인데, 현사(賢祀)에 종향(從享)하기까지 하여 나라의 법을 무너뜨리고 유궁(儒宮)을 욕되게 하였으니, 이것이 대계(臺啓)가 일어나게 된 까닭입니다. 김수항 부자는 말할 만한 명절(名節)이나 학술(學術)이 없으며, 역적 김창집이 처벌된 지금에 이르러서는 더욱 그대로 둘 수 없습니다. 청컨대 해조(該曹)로 하여금 빨리 배향에서 내쫓는 법을 거행하게 하소서.[15]

15 『경종실록』 권12, 3년(1723) 6월 3일(경술). "楊州之石室書院, 卽文正公金尙憲俎豆之地, 而向者凶黨, 乃以金壽恒及其子昌協, 濫廁追配之列. 士林之駭憤, 尙今未已. 若使逆集之父與弟, 尙今生存, 當施隨坐之律, 至於從享賢祀, 壞邦憲而辱儒宮. 此臺啓所以發也. 壽恒父子, 非有名節學術之可言, 到今逆集伏法之後, 尤不可仍置. 請令該曹, 亟擧黜配之典."

라고 하여, 김창집의 아버지와 아우가 되는 김수항과 김창협의 배향이 유궁(儒宮)을 욕되게 하였을 뿐 아니라 이들 부자는 '말할 만한 명절이나 학술이 없고, 역적 김창집이 처벌된 지금에 이르러서는 더욱 그대로 둘 수 없다'고 하여 배향에서 제외시켰다.

그러나 경종(景宗)이 급서하고 노론의 지지를 받은 연잉군(延礽君)이 즉위하면서 사태는 반전의 계기를 맞게 되었다. 영조(英祖) 원년인 1724년 2월 2일 양주 유학 이지항(李志沆)이 상소하기를, "'고 상신 김수항과 고 판서 김창협을 석실서원 배향을 회복하소서.'하니, 비답하기를, '도봉서원(道峯書院)을 이미 복향하였으니, 석실서원을 어찌 다름이 있게 하겠는가? 담당 관청으로 하여금 일체로 거행하게 하라.'하였다. 김창협은 김수항의 아들로 도학과 문장이 한 세상의 유종(儒宗)이 되었다. 임인년(1627년) 화에 이르러 김씨가 모두 도륙을 당하자 심준(沈埈)·윤회(尹會)의 무리가 무함해 헐뜯어 출향을 청하였는데, 이때에 이르러 비로소 복향되었다."[16]라고 하여, 김수항과 김창협의 복향이 결정되는 과정에서 적지 않은 우여곡절이 있었음을 추정할 수 있다.

1760년(영조 36), 1762년(영조 38), 1776년(정조 즉위년), 1806년(순조 6) 등 수차례에 걸쳐 징사(徵士) 김창흡(金昌翕, 1653~1722)의 추배를 건의

16 『영조실록』 권3, 1년(1725) 2월 2일(경오). "楊州幼學李志沆等上疏, '請復故相金壽恒故判書金昌協石室書院配享.' 批曰: '道峰旣已復享, 石室豈有異同? 令該曹一體擧行.' 昌協, 壽恒子也. 道學文章, 爲世儒宗. 及壬寅之禍, 金氏皆屠戮, 沈埈尹會輩, 誣詆請黜之, 至是始復享."

하는 상소가 있었다. 대표적인 예로 정조 즉위년인 1776년 11월 10일에 유학(幼學) 윤담(尹湛) 등 207인이 연명으로 김창흡을 석실서원에 추향하도록 해달라고 청한 상소를 들 수 있다. "신들이 지난번에 고징사 증이조판서 문강공 김창흡을 석실서원에 추향하도록 해달라고 청한데 대해, 성상께서 다시 마땅히 헤아려 처리하겠다는 비답을 내리셨습니다. 신들이 물러나 명을 기다리고 있었는데 몇 달이 지나도록 윤허가 내려지지 않아 성전(盛典)을 아직까지 지체하고 있습니다. 아, 김창흡은 바로 김창협의 아우로서 학자들이 하남(河南)의 이정(정명도·정이천)에 비기며, 그가 심신을 수양하고 학문을 하는데 있어서는 오직 염락관민(주염계·장횡거·정자·주자)을 법으로 삼고, 특히 주자학에 마음을 기울여 일생의 준칙으로 삼았습니다. 그러므로 성조(聖朝)에서 유학을 숭상하고 도(道)를 보위하며 교화를 돈독히 하고 문교(文教)를 펴는 정치에 있어서 마땅히 사우(祠宇)를 세워 그 신령을 편안케 하고 융숭하게 보답하는 예를 다 갖추어야 하는 것입니다. 더구나 본원(本院)은 맨 위에 김창흡의 증조와 종증조인 문충공 김상용과 문정공 김상헌을 제향하고 있고, 그 후에 또 이어서 문충공 김수항과 문간공 김창협이 배식(配食)하고 있습니다. 김창흡은 집안의 연원을 계승하고 형제의 자취를 접하고 있는데 유독 철식(腏食)의 반열에서 빠져 있으니, 성대(聖代)의 궐전(闕典)이 어떠하겠습니까. 사림의 유감이 끝내 다함이 없습니다. 삼가 바라건대, 흔쾌히 윤허를 내리시어 성덕(聖德)을 빛나게 하시고 사문에 다행이 되게 하여 주소서."라고 하여, 추배를 주청하는 이유를 김창흡의 뛰어난 학덕과 누대의 공적에 있음을 강조하고 있다. 그러나 이 때에는 추배를 윤허받지 못하고, 1853년(철종 4) 11월 28일 팔도유생(八道儒生) 김칠환(金七煥) 등이 상소하여 "'세 유현(儒賢)을 석실서원에 제배(躋配)하기를 청'하니, 비답하기를, '묘당으로 하여금 품처하게 하겠다.'"[17]라고 하여, 김창흡, 김원행(金元行), 김이안(金履安)의 배향이 비로소 이루어졌다. 이어 1857년(철종 8) 5월 23일에 경기도 양주 유생 이연긍(李淵兢) 등이 상소하여, "'고 영상 충헌공 김창집을 석실서원에 추배하게 하라고 청'하니, 비답하기를, '이 서원의 향사에 김충헌을 아직까지 배향하지 못한 것은 실로 흠궐(欠闕)된 법전이니, 그대들의 소청이 진실로 옳다. 곧바로 시행하게 하라.'고 하였다."[18] 이로 인해 김창집이 추배되고, 같은 해 11월 29일에 이연긍 등이 다시 소를 올려 "'충문공 김조순(金祖淳)을 석실서원에 추배하기를 청'하니, 비답하기를, '충문과 같은 경술·덕업·사공으로 이 서원에 추배하자는 의논이 나온 것은 오히려 늦은 것이다. 청한대로 시행하겠으니, 그대들은 물러가서 학업을 연마하도록 하라.'"[19]라고 하여, 김

---

17 『철종실록』 권5, 4년(1853) 11월 28일(기사). "八道儒生金七煥等, 上疏請三儒賢躋配石室書院, 批曰: '令廟堂稟處.'"

18 『철종실록』 권9, 8년(1857) 5월 23일(계유). "京畿楊州儒生幼學李淵兢等, 疏請故領相忠獻公金昌集, 追配石室書院, 批曰: '以是院是享, 金忠獻之尙未躋腏, 實爲欠闕之典, 爾等所請, 誠然矣. 卽爲施行.'"

19 『철종실록』 권9, 8년(1857) 11월 29일(병오). "京畿儒生李淵兢等, 上疏請忠文公金祖淳, 追配石室書院, 批曰: '以若忠文之經術德業事功, 是院躋配之論, 尙云晩矣. 所請依施, 爾等退修學業.'"

조순의 추배가 결정됨으로써 석실서원의 배향이 완료되었다.

특히 석실서원은 서울·경기에서 송시열(宋時烈, 1607~1689)로 상징되는 의리론 정립을 주도하는 본산으로 기능했다. 이를 학문적으로 뒷받침한 인물은 당시 서원 강회(講會)를 주관했던 김창협·김창흡 형제이다. 김창협이 송시열과 처음 대면했던 것은 24세 되던 1674년 6월로 경기도 양평군의 용문산(龍門山)에서 첫 대면 한 이후 편지를 통해 송시열에게 문답하였으며, 38세 때인 1688년에는 화양동에 가서 권상하와 함께 『주자대전차의』에 대해 강토(講討)하였다. 송시열의 주자서(朱子書) 편찬 작업 가운데 가장 주목되는 것이 『주자대전차의』와 『주자언론동이고』이다. 김창협은 송시열의 『주자대전차의』의 주석 작업에 공조하면서 우암계 노론 의리론 형성 과정에서 중요한 위치를 차지하였다.

김창협과 송시열의 만남 이전에 이미 세교(世交)가 있었다. 송시열은 39세 때인 1645년(인조 23) 5월 22일, 양주의 석실로 김상헌을 찾아가 문인으로 받아줄 것을 간곡히 청하였다. 이 때 김상헌은 청나라에 잡혀갔다가 막 귀국한 뒤로, 나이는 이미 75세였다. 송시열과의 이런 인연으로 인해 김창협 가문은 현종대 한당(漢黨)과 산당(山黨)이 대립할 때 산당의 창구역할을 담당하기도 했다. 그리고 노·소(老少) 분기 과정에서도 안동김씨는 당시 근기지방의 유력한 가문이었던 여흥민씨·청풍김씨·광산김씨·연안이씨 등과 함께 송시열 계열 노론 의리론에 동조했고, 이것은 노론이 소론을 압도하고 정치적 우세를 점

하는데 큰 영향을 끼쳤다.[20] 이처럼 김창협은 송시열과의 세교(世交)로 인해 '노론 의리'를 강력히 주장함과 동시에 송시열의 '주자 절대화' 경향에 영향을 받아 주자학에 깊이 심취하였고, 송시열이 죽으면서 부탁한 『주자대전차의』의 상정(詳訂)에 많은 공을 기울였다.[21]

뿐만 아니라 석실서원은 창건된 이후 양주를 비롯한 경기 일원의 유림 근거지로서 선현 배향과 지방 교육의 일익을 담당하였다. 비록 석실서원이 안동김씨(安東金氏) 일문의 사당이라고 비난을 받기도 하였으나, 김상용과 김상헌의 충절을 기리는데 있어서는 당색을 초월하여 이견이 없었으며, 김상헌의 증손인 농암 김창협과 삼연 김창흡의 대에 이르면 이들을 추종하는 순화방(順化坊) 일대 북촌에 거주하고 있던 이른바 '백악사단(白岳詞壇)'의 문사들이 석실서원에 출입하면서 김창협 등의 학풍을 서울 학계로 확산하는데 중심적인 역할을 하였으며, 김창협 · 김창흡 등의 서원 강학으로 후일 낙론계의 중심지로 기능하였다. 이들 문하에 많은 인재들이 배출되었는데, 도암(陶庵) 이재(李縡), 기원(杞園) 어유봉(魚有鳳), 성재(誠齋) 민이승(閔以升), 지촌(芝村) 이희종(李喜朝), 송암(松巖) 이재형(李載亨), 여호(黎湖) 박필주(朴弼周), 정암(貞庵) 민우수(閔遇洙), 백연(白淵) 신무일(愼無逸) 등이 배출되었으며, 김창협 사후 김창흡에 의해 1721년까지 계속되었던 것으로 보인다. 특

20 조성산, 「조선 후기 낙론계 학풍의 형성과 경세론 연구」, 122쪽 참조.

21 『農巖集』 권35, 「年譜(己巳)」 "九月, 入鷹巖居廬, 先生於晨夕號隕之餘, 研究舊學, 用力尤篤, 日誦論語, 詳訂朱子大全箚疑, 益闡精微之蘊."

히 김창흡은 문학으로 명성이 높았는데, 영조시대 최고의 시인으로 일컬어지는 사천(槎川) 이병연(李秉淵)과 당대 최고의 진경산수화가인 겸재(謙齋) 정선(鄭敾) 등이 그의 문하에서 재능을 갈고 닦았다. 즉 석실서원은 인물성동론을 주장하는 낙론(洛論) 계열의 경학과 백악사단으로 대표되는 진경문화의 진수를 만개시켰다. 김창협·김창흡의 뒤를 이어 김원행이 강학하면서 석실서원은 다시 강학의 명소로 노론 낙론계의 이념적 공간으로 명성을 떨쳤던 것이다.

석실서원은 처음에는 서인(西人) 계열의 서원으로, 노론과 소론이 갈릴 때는 노론계 서원으로, 그리고 노론학맥의 분화과정에서 인물성동론을 지지하는 낙론(洛論)의 근거지로, 논쟁의 한 축을 이루었다. 나아가 조선 중화주의 이후 진경문화에서부터 북학사상에 이르는 집권세력 내부의 자기혁신 문화 운동의 최대 산실이자 뇌수로 자리잡고 있었던 것이다. 그러나 불행히도 1868년(고종 5) 대원군이 서원을 혁파할 때 철폐 대상에 올라 완전히 훼철되었으며, 위패는 매안(埋安)하고 서원터는 폐허화되어 현재에 이르고 있다. 전모를 짐작하기는 어려우나 다수 문헌 기록들이 석실서원의 성세를 전해주고 있다. 특히 김창협 형제의 문하에 출입하였던 정선(鄭敾)이 석실서원의 실경을 『경교명승첩』에 남겨 석실서원과 미호(渼湖)의 당시 풍광을 생생하게 느낄 수 있게 된 점은 다행스러운 일이 아닐 수 없다.

제 4 장
석실서원의 교육과정과 교육방법

1. 입학 자격과 교육과정

향교의 입학 자격은 주로 양반은 물론 양인의 자제에게까지 개방되어 있어 향교 교생의 추천과 소학 시험을 합격하면 입학이 허가되었다. 이에 비해 서원의 입학 자격은 주로 양반 자제에게 제한적으로 주어졌다. 대체로 향교와 비슷한 수준의 학생들을 입학시켰으나 서원마다 입학 자격에 다소 차이가 있었던 것으로 보인다. 즉, 서원은 처음에는 관학인 향교와 경합관계에 있었으나 차츰 향교보다 수도 많아지고 권위도 높아져서 양반 자제들은 대개 서원에 입학하고, 평민 자제들은 향교에 들어가는 것이 관례가 되었다. 특히 주세붕이 세운 백운동서원은 입학 자격을 다음과 같이 규정하였다.

1) 생원, 진사가 성균관에 들어오는 것과 같은 자격이 있어야 하고

2) 생원, 진사 시험의 초시에 합격한 자

3) 생원, 진사 시험에 합격하지 못하더라도 향학열이 높고 행실이 바른 자는 회의를 거쳐 받아들인다.[01]

위 규정으로 미루어보아 백운동서원은 성균관 학생들과 유사한 수준의 학생들로 입학시킨 것으로 추정된다. 도산서당(陶山書堂)에서 퇴계 이황에게 배운 제자들 중 상당수가 매우 높은 학문 수준에 도달해 있었던 점을 감안하면 서원은 중등교육에서부터 고등교육 수준까지 다양한 학생들을 받아들인 것으로 보인다.

그러나 퇴계 이황은 서원 입학 자격을 생원·진사 시험의 합격여부와 관련지어 규정한다거나 서원이 과거 준비를 위한 장소가 되는 것을 부정적으로 보았다. 경상도 서원들의 모델이 된 이황의 이산서원(伊山書院) 원규(院規)에는 유생 자격에 대한 특별한 제한이 없었다. 그리하여 유생자격을 생원, 진사시험 합격 여부보다는 실력과 행실 위주로 하는 서원이 점차 늘어나게 되었다. 그러나 서원마다 관행이 달라서 입학 허용 기준은 서원 자체의 자율적인 통제 속에서 이루어지고 있었다. 다시 말하면 일단 학문적인 그룹이 형성된 다음 자신들의 학문적 지향과 문화적 토대에서 동질성이 발견될 때 입학을 허가하는 것이 일반적이었으며 그 외 외부의 교육이나 학문외적 요인으로 입학

01 白雲洞書院 院規.

을 강요받지는 않았다.[02]

조선시대의 서원은 기본적으로 유생들이 함께 기거하면서 독서하고 수업을 듣는 장소였지만 양곡의 부족, 유생의 개인 사정 등의 이유로 서원에 등록한 유생들이 모두 항상 머물면서 공부하지는 못했다. 이에 따라 서원의 학적부에 이름을 올린 유생들 중 일부는 서원의 기숙사인 재(齊)에서 머물면서 공부하고, 일부는 집에서 다니면서 공부하는 것이 현실이었다. 그리고 매월 두 번 열리는 강회는 강당에 좌우로 정렬하고 강사가 경전(經典)의 내용을 설명한 뒤, 강의가 끝나면 유생들을 한 사람씩 불러 읽은 책들을 암송하거나 설명하도록 하고, 성적을 통(通)·약(略)·조(粗)·불(不) 네 등급으로 나누어 평가하였다.

서원의 교육내용은 서원이 충실한 유교 교육기관이라는 점에서 유학의 범주에서 벗어날 수 없었다. 유학 중에서도 특히 성리학의 교학에 힘썼다.[03] 성리학에서 주로 거론되는 이·기(理氣)는 우주만물의 근원과 생성의 원리를 논의하는 것이고, 심·성·정(心性情)이나 인심도심(人心道心), 인물성동이(人物性同異) 등은 인간의 본질과 존엄에 대한 논의로, 천지만물의 근원과 생성을 다루는 우주론과 인간의 본질과 존엄성을 논의하는 인성론을 중시한 이유는 천인물아(天人物我)의 근

02 이범직, 앞의 논문.

03 예를 들면 武城書院(全北井邑)의 院規에 "聖賢의 글과 性理의 말씀이 아니면 독서할 수 없다(非聖賢之書性理之說, 則不得披讀)."라는 규정에서 이러한 경향을 알 수 있다.

원이 동일한 것임을 깨닫게 하고, 천인합덕(天人合德)을 역설하여 성현(聖賢)의 경지에 도달하게 하려는 윤리적 목적이 있었기 때문이었다. 따라서 성리학의 윤리학적 내용이 가장 중요한 교육내용을 이루고 있었다. 이러한 경향은 당시 서원들이 대부분 『소학』과 사서·오경을 필수과목으로하고, 『가례』, 『심경』, 『근사록』 등 성리학 관련의 책을 위주로 하여 교과목이 구성된 것을 통해서도 알 수 있다.[04]

특히 우리는 퇴계(退溪) 이황(李滉)과 율곡(栗谷) 이이(李珥)의 교육과정을 눈여겨볼 필요가 있다. 왜냐하면 당시의 서원 교육과정은 대부분 이들 양인의 주장을 따르고 있었기 때문이다. 이황은 『소학』, 『근사록』, 『효경』, 『대학』, 『주자대전』, 『심경』을 교과목으로 삼았고,[05] 이이는 『소학』, 『대학』, 『논어』, 『맹자』, 『중용』, 『시경』, 『예기』, 『서경』, 『주역』, 『춘추』, 『사기』 및 선현의 성리서를 독서할 수 있는 책으로 내세우고 있었다.[06] 서원의 교과목은 거의 성리학 위주로 구성되어 있어서 원생(院生)들은 이기와 심성을 연구하고, 나아가 자신이 본래 가지고 있는 성선을 구현함으로써 성현을 모범으로 하는 교육 목적을 달성하고자 노력하였던 것이다.

한 예로 은병정사(隱屛精舍) 학규(學規)와 마찬가지로 무성서원(武城

04 崔完基, 「朝鮮朝書院의 教學機能一考」, (『조선후기 논문집(4차)』 60, 삼귀문화사, 2001), 238쪽.

05 『退溪集』 「言行錄」 第1卷, 讀書條.

06 『栗谷集』 卷十伍 「雜著二」 學校模範, 讀書條.

書院)의 원규(院規)에서도 "성현의 글과 성리의 말씀이 아니면 독서할 수 없다(史學인 경우는 독서를 허용한다). 만약 과거시험을 준비하고자 한다면 반드시 다른 곳에서 학습해야 한다."[07]라고 하여, 서원의 설립 목적이 원칙적으로는 학문을 위한 것이었지만 현실적 목적의 과거를 고려하지 않을 수 없었기에 과거준비를 위한 교과목을 넣지 않을 수 없었다. 따라서 많은 서원들은 당시 과거의 시험과목이었던 『사기』와 사장(詞章)을 교과목으로 구성하고 있었다. 이외에 제술과 습자의 교육도 이루어지고 있었다.

서원의 교육방법은 대체로 주희의 교육방법을 따랐는데, 그것은 ① 입지(立志), ②정진노력(精進努力), ③공부함양(工夫涵養), ④궁리(窮理), 즉 격물치지(格物致知), ⑤역행독서(力行讀書)의 다섯 가지이다. 이것은 퇴계의 학문을 하는 방법인 입지(立志), 궁리(窮理), 경(敬), 숙독(熟讀), 심득(心得), 궁행(躬行), 광개견(廣開見), 잠심자득(潛心自得)과도 대체로 일치한다. '입지'를 학문의 중요한 기초로 삼은 것이나, '궁리', '심득', '궁행', '잠심자득'을 강조한 것은 모두 교육의 목적이 성현을 본받는 데 있음을 보여주는 것이다.

또한 서원의 실제생활의 지도에는 엄격한 규율이 적용되고 있었다. 많은 서원에서 채용한 율곡의 〈학교모범(學校模範)〉에는 "배우는 자는

07 崔完基, 「朝鮮朝書院의 敎學機能一考」, (『조선후기 논문집(4차)』 60, 삼귀문화사, 2001), 239쪽. 武城書院(全北井邑)의 院規에 "非聖賢之書性理之說, 則不得披讀(史學則許讀). 若欲做科業者, 必習于他處."라고 규정되어 있다.

한번 성인이 되겠다는 뜻을 세운 이상에는 반드시 구습을 씻어버리고 오로지 학문을 지향하여 몸가짐과 행동을 다잡아야 한다. 평소에 일찍 일어나고 밤늦게 자고 의관은 정숙하게, 용모는 장중하게, 보고 들음은 단정하게, 거처는 공손하게, 걸음걸이는 똑바르게, 음식은 절제 있게, 글씨는 조심성 있게, 책상은 가지런하게, 서재는 깨끗하게 해야 한다."[08]라고 규정하고 있는데, 이러한 규율은 어느 서원에서나 공통으로 적용되는 것이었다.[09] 또한 서원의 교육방법 중에 특이한 것은 계절에 따라 교과를 달리했다는 점이다. 석강서원(石岡書院)의 경우, 겨울과 봄에는 사서·오경을, 여름과 가을에는 사학(史學)과 자집(子集)을 독서하도록 하였는데, 이것은 더운 여름에는 정밀하게 탐구하는 것이 힘든 경서(經書)를 피하고 사기(史記)·문집(文集) 등을 읽게 하고, 겨울에는 사서·오경의 경서를 읽도록 하여 계절과 교과를 조화시킨 것이다.

특히 서원의 교육철학과 교육내용은 서원의 원규(院規)를 통해서 살펴볼 수 있다. 조선시대에 수많은 서원 원규 중에서 가장 중요하고 크게 영향을 미친 두 원규는 퇴계 이황의 이산서원(伊山書院) 원규(院規, 1558년)와 율곡 이이의 은병정사(隱屛精舍) 학규(學規, 1578년)이다. 이 두 원규는 조선시대의 서원이 막 태동하여 확산되기 시작하던 시기에

---

08 『栗谷集』 卷十伍 「雜著二」 學校模範檢身條.

09 崔完基, 「朝鮮朝書院의 敎學機能一考」, (『조선후기 논문집(4차)』 60, 삼귀문화사, 2001), 241쪽.

제정된 것으로, 이후 조선시대 여러 서원의 원규에 모범을 제시하는 역할을 했다고 할 수 있다. 실제로 퇴계 이황이 작성한 이산서원 원규는 영남지역 여러 초기 서원의 원규로 채택되었고, 그 주요 내용은 지역과 학파를 막론하고 전국의 많은 서원의 원규에 인용되었다. 율곡 이이가 제정한 은병정사의 원규도 또한 마찬가지이다. 그런데 이 두 원규는 서원에서 과거시험 공부를 시킬 것이냐에 대하여 상이한 시각을 보이고 있다. 먼저 이산서원의 원규의 살펴보면 모두 12조로 되어있다.

- 제생(諸生)들은 독서하는데 사서(四書) · 오경(五經)을 본원으로 삼고 『소학(小學)』과 『가례(家禮)』를 문호(門戶)로 삼으며, 국가의 인재를 진작시키고 양성하는 방법을 따르고 성현의 친절한 교훈을 지켜서 온갖 선(善)이 본래 내게 갖추어진 것을 알고 옛 도(道)가 오늘날에도 실천할 수 있는 것을 믿어서, 모두 몸으로 행하고 마음으로 체득하며 체(體)를 밝히고 용(用)을 적합하게 하는 학문에 힘쓰도록 한다. 여러 사서(史書)와 자서(子書)와 문집, 문장(文章)과 과거 공부 또한 널리 힘쓰고 두루 통달하지 않으면 안된다. 그러나 마땅히 내외(內外) · 본말(本末)의 경중(輕重)과 완급(緩急)의 차례를 알아서 항상 스스로 격려하여 타락하지 않게 하고, 그 나머지 사특하고 요망하고 음탕한 글은 모두 원내(院內)에 들이어 눈에 가까이 해서 도(道)를 어지럽히고 뜻을 미혹하지 못하게 한다.

- 제생들 가운데 뜻을 굳게 세우고 나아가는 길을 정직하게 하며, 사업은 원대한 것으로 스스로 기약하고 행실은 도의를 귀추(歸趨)로 삼는 자는 잘 배우는 것이고, 마음가짐이 비천하고 취사(取捨)가 현혹되며, 지식은 저속하고 비루함을 벗어나지 못하고 뜻과 희망이 오로지 이욕에만 있는 자는 잘못 배우는 것이다. 만일 성품과 행실이 괴이하여 예법을 비웃고 성현을 업신여기며 정도(正道)를 위반하고 추한 말로 친한 이를 욕하며, 여러 사람을 괴롭히고 법도를 따르지 않는 자는 원중(院中)에서 함께 의논하여 쫓아내도록 한다.
- 제생들은 항상 각자 서재에서 조용히 있으면서 오로지 독서에 정진하고, 의심나고 어려운 것을 강론하는 일이 아니면 부질없이 다른 방에 가서 쓸데없는 얘기로 시간을 보내어 피차간에 생각을 거칠게 하거나 학업을 폐해서는 안된다.
- 까닭 없이 알리지 않고 자주 출입해서는 절대로 안된다. 무릇 의관과 행동거지와 언행에 대해 각기 간곡하게 권면하도록 힘쓰며 서로 보고 선(善)해지도록 한다.
- 성균관의 명륜당(明倫堂)에 이천(伊川) 선생의 〈사물잠(四勿箴)〉과 회암(晦菴) 선생의 〈백록동규(白鹿洞規)〉 10훈(十訓)과, 진무경(陳茂卿)의 〈숙흥야매잠(夙興夜寐箴)〉을 써서 걸었는데 이 뜻이 매우 좋다. 원중에도 또한 이것을 벽에 게시하여 서로 타이르고 일깨우도록 하다.
- 책은 문밖에 내갈 수 없고 여색(女色)은 문안에 들여올 수 없으며, 술은 빚어서는 안되고 형벌은 써서는 안된다.

- 책은 내가면 잃기 쉽고 여색은 들여오면 더럽혀지기 쉽다. 술은 학사(學舍)에 마땅한 것이 아니고 형벌은 유생의 일이 아니다. 형벌은 제생이나 유사(有司)가 개인적인 노여움으로 바깥 사람을 구타하는 종류를 말하는데, 이것은 절대로 단서를 열어놓아서는 안된다. 원속(院屬)들에게 죄가 있는 경우는 온전히 용서할 수 없으니, 작은 죄는 유사가, 큰 죄는 상유사(上有司)와 상의하여 형벌을 논한다.
- 서원의 유사는 근처에 사는 청렴하고 재간 있는 품관(品官) 두 사람으로 정하고, 또 선비 중에 사리를 알고 조행(操行)이 있어서 여러 사람이 추앙하고 복종할 수 있는 사람 하나를 골라서 상유사로 삼되 모두 2년마다 교체한다.
- 제생과 유사는 힘써 예모로써 서로 대하고, 공경과 믿음으로 서로 대우하여야 한다.
- 원속들을 잘 돌봐 주도록 한다. 유사와 제생들은 항상 하인을 애호하여, 원(院)의 일과 재(齋)의 일 이외에는 누구나 사사로이 부리지 못하도록 하며, 개인적인 노여움으로 벌주지 못한다.
- 서원을 세워서 선비를 양성하는 것은 국가에서 문교를 숭상하고 학교를 일으켜 인재를 새로 길러 내는 뜻을 받드는 것이니, 누군들 마음을 다하지 않겠는가. 이제부터 이 고을에 부임하는 자는 반드시 서원의 일에 대하여 제도를 증가시키고 그 규약을 줄이지 않는다면 사문(斯文)에 있어 어찌 다행이 아니겠는가.
- 동몽(童蒙)들은 수업을 받거나 초청한 경우가 아니면 입덕문(入德門)

안에 들어오지 못한다.

- 임시로 서원에 있는 생도들은 관례(冠禮)의 여부와 상관없이 정해진 인원 없이 재목을 이루어야 서원에 오르도록 한다.

이에 비해 율곡 이이의 은병정사 학규는 모두 22개조 되어 있는데 그 전문은 다음과 같다.

- 재(齋)에 들어오는 규칙은 사족(士族)과 서류(庶類)를 막론하고 다만 학문에 뜻이 있는 사람은 모두 재에 들어오는 것을 허락하되, 먼저 들어온 사람들의 의논이 들어와도 된다고 한 뒤라야 들어오도록 허락한다. 만일 전일에 패악(悖惡)했던 사람이 들어오기를 원한다면 그로 하여금 먼저 스스로 개과(改過)하고 조심하게 한 다음, 그 행동하는 것을 자세히 보아서 그 행위가 개선되었음을 확실히 안 뒤에야 들어오는 것을 허락하며, 만일 평소에 내력을 모르는 자가 들어오기를 원하면 그로 하여금 우선 가까운 마을이나 산사(山寺)에 왕래하면서 배우고 묻게 한 다음, 그 지취(志趣)와 조행(操行)을 보아서 취할 만함을 안 뒤에야 들어오기를 허락한다.
- 재 안에서 나이가 많고 지식이 있는 이 한사람을 추대하여 당장(堂長)으로 삼고, 또 같은 또래 가운데서 학식이 우수한 한 사람을 추대하여 장의(掌議)로 삼으며, 또 두 사람을 가려 유사(有司)로 삼고, 또 차례로 두 사람을 가려 직월(直月)로 삼는다. 당장과 장의와 유사는 연고가 없

으면 갈지 말고 직월은 다달이 서로 교체한다. 무릇 재 안의 의논은 장의가 주도하여 당장에게 물어 본 뒤에 정하고, 무릇 재 안의 물건 출납과 재직(齋直)이 사환과 집기의 유무에 관한 일은 유사가 주관하고 모든 물건은 모두 장부에 기재하여 교체할 때는 새로 맡는 이에게 장부를 넘겨주고, 무릇 사제(師弟)와 벗들의 강론한 말은 모두 직월이 맡아 기록하여 뒤에 참고할 자료로 삼는다.

- 매월 초하루와 보름에는 스승과 제자가 모두 관복(官服)으로써 문묘(文廟)에 나아가 중문을 열고 묘모(廟貌)를 드러내어 재배 분향(焚香)하고 또 재배한다.
- 매일 5경(更)에 일어나 침구를 정돈하고 나이 적은 사람은 비를 들고 방안을 쓸며, 재직을 시켜 뜰을 쓸게 한 다음 모두 세수를 하고 머리를 빗고 의관을 바로 잡고 나서 글을 읽는다.
- 아침이 되면 모두 평상복으로써 묘정(廟庭)에 가서 중문을 열지 않고 재배만 한다. 그리고 스승이 강당에 있으면 스승 앞에 나아가 배례를 하고, 동서로 갈라 서서 서로 바라보며 읍례(揖禮)를 한다. ○무릇 독서를 할 때는 반드시 팔짱을 끼고 단정히 꿇어 앉아 전심치지(專心致志)를 하며 의취(義趣)를 궁구하는데 힘쓰고, 서로 돌아보며 잡담을 하지 말아야 한다.
- 무릇 책상·책·붓·벼루 같은 물건은 모두 제 자리에 정돈해 두고 행여나 어지럽게 여기저기 흩어 두지 말아야 한다.
- 무릇 식사시에는 어른과 젊은이가 나이 차례로 앉고, 음식을 먹는데는

가려 먹지 말며 늘 배부르기를 바라서는 안된다.

- 무릇 거처(居處)는 반드시 편안한 자리를 어른에게 사양하고 행여나 편안한 곳을 가리지 말며, 열 살 이상의 연장자이면 드나들 적에 연소자가 반드시 일어선다.
- 무릇 걸음걸이는 반드시 점잖고 안존하게 하고 천천히 어른 뒤에 가서 질서를 지키며 행여나 난보(亂步)로 질서를 흐트리지 말아야 한다.
- 무릇 언어는 반드시 믿음직스럽고 무게 있게 하고 문자와 예법이 아니면 말하지 말며, 공자가 괴력난신(怪力亂神)을 말하지 않음으로써 법을 삼고, 범씨(范氏)의 칠계(七戒)를 마음에 간직하고 눈여겨 본다.
- 성현의 글이나 성리의 설(說)이 아니면 재 안에서 읽을 수 없다(역사서는 읽어도 좋다). 만약 과거 공부를 하려고 하는 자라면 반드시 다른 곳에 가서 익힌다.
- 평상시에도 항상 의복과 의관을 정제(整齊)하고 팔짱을 끼고 꿇어 앉아 마치 어른을 대하듯이 하고, 편안하다고 속옷 바람으로 있어서는 안되며 너무 화려하여 사치한 듯한 옷을 입어서도 안된다.
- 식후(食後)에 혹 냇가에 가서 거닐더라도 또한 사물을 관찰하여 이치를 탐구하고 서로 의리를 강론할 것이다. 장난이나 잡담을 해서는 안된다.
- 벗 사이에는 서로 화목하고 공경하기를 힘쓰고, 과실을 서로 바로 잡아주고, 착한 일을 하도록 서로 권하며, 귀함이나 현명함이나, 부유함이나 부형의 권세나 많은 지식을 자부하고서 같은 또래에게 교만을 부

려서는 안된다. 또 같은 또래들을 기롱하고 능멸하며 서로 희학(戱謔) 해서도 안된다.

- 글씨를 쓸 때는 반드시 또박또박 반듯하게 쓸 것이며 휘갈겨 쓰지 말며 또 벽이나 창문에다 낙서를 해서도 안된다.
- 몸가짐은 항상 구용(九容)으로써 하고, 한쪽 발로 기우듬히 서거나 기대어 자세를 흐트리거나 킬킬대고 웃거나 말을 함부로 함이 없이, 시종 게을리해서는 안된다.
- 날이 어두운 뒤에는 등불을 밝혀 글을 읽고 밤이 깊은 뒤에야 잔다.
- 새벽에 일어나서부터 밤에 잠자리에 들 때까지 하루 동안에 반드시 하는 일이 있어서 마음을 잠시도 게을리 말아야 한다. 혹 독서하며, 정좌(靜坐)하여 본 마음을 간직하며, 의리를 강론하기도 하고, 혹 익힌 바에 대해 질문도 하고, 좀더 자세히 가르쳐 달라고 여쭙기도 하는 등 학문에 관한 일이 아닌 것이 없으니, 여기에 어긋남이 있으면 곧 배우는 자가 아니다.
- 이따금 집에 돌아가더라도 절대로 재중에서 하던 습관을 잊지 말고, 어버이를 섬길 때나 사람을 접대할 때나 몸단속을 할 때나, 일을 처리할 때나 본마음을 간직하기에 천리(天理)를 따르고 인욕(人欲)을 제거하기에 힘써야 하며, 행여 학재에 들어와서는 신칙(申飭)하고 재를 나가서 방탕하다면, 이는 두 마음을 품은 것이니 용납할 수 없다.
- 직월(直月)은 선악을 기록하는 장부를 맡아 기록하되, 제생(諸生)들이 학재에 있을 때와 집에 있을 때의 소행을 자세히 살펴서, 만일 언행이

도리에 맞은 자와 학규(學規)를 위반한 자가 있으면 모두 기록하여 매월 초하루에 사장(師長)에게 올려 선한 자는 권장을 하고 악한 자는 벌을 주어 가르치는데, 끝내 가르침을 받지 않으면 학재에서 축출한다.

- 제생은 비록 모여서 강회(講會)할 때가 아니더라도 매월 모름지기 한 번씩 정사(精舍)에 모여서 의리를 강론하고, 또 직월을 개선(改善)한다.
- 향중(鄉中)에서 배우기를 원하는 자는 모두 우선 양정재(養正齋)에 있게 한다.

먼저 퇴계 이황이 작성하여 경상도 서원들의 서원 규정의 모태가 된 「이산서원 원규」에는 학문연구를 본원으로 지향하고, 과거 공부는 부차적인 것으로 규정하였다.

> 유생들이 독서하는데는 사서오경(四書伍經)을 본원으로 삼고, 『소학』, 『가례』를 문호로 삼아서 국가의 양성하는 방법을 준수한다. …… 여러 역사서 및 자집(子集)과 문장 과거의 공부도 하지 않을 수 없으니 널리 통하도록 힘쓸 것이나 마땅히 내외 본말, 경중 완급의 차례를 알아서 항상 스스로를 격려하여 타락하지 않도록 한다.[10]

라고 하여 학문을 위주로 하고, 과거에 응시하는데 필요한 사장학적

10 『退溪先生文集』 卷41, 「雜著」 〈伊山書院院規〉.

인 유학도 부수적으로 할 것을 규정하였다.[11]

반면 율곡 이이는 〈은병정사 학규〉에서 서원 내에서의 과거 공부를 배제하고 있다.

> 성현의 글이나 성리의 학설이 아니면 재(齋) 안에서 읽을 수 없다(역사서는 읽어도 좋다). 만약 과거 공부를 하고 싶은 자는 반드시 다른 곳에서 해야 한다.[12]

이와 같이 율곡 이이는 서원의 유생들이 경서와 성리서 위주로 공부해야 하며, 역사서를 읽는 것은 허용하나 과거 공부는 허용할 수 없다고 못 박고 있다. 그렇다고 율곡 이이가 과거 공부 자체를 부정하는 입장을 갖고 있었던 것은 아니다. 그러나 서원만큼은 과거 공부와 무관한 자신의 인격완성을 위한 학문의 장소가 되어야 한다는 것이다. 조선시대 서원 학규 중에는 이러한 율곡 이이의 입장을 계승하여 서원교육에서 과거공부를 완전히 배제시킨 경우가 많았다.[13]

---

11 윤희면, 2004.

12 『栗谷先生全書』 卷5, 「雜著二」 〈隱屏精舍學規(戊寅)〉.

13 박종배, 2010.

〈표 1〉 퇴계와 율곡의 서원교육관의 차이

원규/ 학규	이산서원 원규	은병정사 학규
공부 방법	소학, 사서오경, 성리학설, 가례, 諸史, 子集	성현들의 책, 성리학설, 史學
과거공부에 대한 입장	부분 허락 (사서오경과 성리학설이 근본)	금지

이와는 달리 상당히 유연한 입장에서 서원 내에서의 과거공부를 적극적으로 긍정하는 경우도 있다. 화양서원(華陽書院)에서는 이산서원과 같이 본말론의 입장을 견지하면서도 제술(製述)로 대표되는 과거공부를 서원의 정규 교육활동의 하나로 포함시키고 있다. 이로 미루어볼 때 조선시대 서원의 교과과정과 교육내용에 대하여는 관청의 간섭을 받지 않고 서원의 설립이념에 따라 자율성을 가지고 운영하였던 것으로 보인다.

조선시대 관학의 교과는 사서·오경을 기본으로 해서 경전과 역사서, 시문을 교육기관의 수준에 따라서 가감하였다. 이에 비해 서원의 교육내용은 대체로 성리학적이고 도학적인 것이 중심을 이루었다. 서원에 대해서 국가가 특별히 지정한 교과목이 있지 않았던 탓에 서원을 건립한 주체에 따라 교육과정이나 교재가 조금씩 증감이 있었다. 즉, 서원교육은 관학교육에 비해 사립교육기관 특유의 자율성과 특수성이 존중되었다.[14]

이처럼 서원의 교육내용은 서원마다 차이가 있었으며, 이는 퇴계 이황이 백운동서원의 사액을 청하는 건의문에서 서원에 대한 재정지원을 해주되 교육내용에 대해서는 간섭하지 말 것을 요청한데서 잘 알 수 있다.

고사에 의거하여 서적을 내려주시고, 편액을 써서 내려주시며, 또 전답과 노비를 하사하시어 그 재력을 넉넉하게 하시고, 또 감사와 군수로 하여금 다만 그 진흥하고 배양하는 방법과 돕기 위해 나누어 준 비품을 관할하고 감찰하게 할 뿐이지, 가혹한 법령과 번거로운 조항으로 구속하지 못하도록 할 것을 청합니다.[15]

이황의 요청에 대하여 조정에서는 서원의 교육내용의 자율성을 다음과 같이 보장하는 조치를 내린다.

유생이 글읽기로는 고요한 곳이 가장 좋다. 만일 감사와 수령이 학업을 권장하려고 교육명령을 번거롭게 내려 단속한다면 오히려 사람들이 자유스럽지 못하여 열심히 학문을 배우고 휴식하는 도리에 어긋날까 염려되니, 동요시키지 않는 것보다 나은 방법이 없을 것이다.[16]

---

14 정진옥, 2010.

15 『退溪全書』 卷9. 〈上沈方伯〉.

16 『조선왕조실록』 명종 5년 2월 11일, 병오.

이처럼 서원에 대한 지방관의 지나친 간섭을 허락하지 않고 서원의 자치적 교육활동을 보장해 주었다. 따라서 조선시대 서원교육의 내용은 퇴계 이황의 '이산서원원규'와 율곡 이이의 '은병정사 학규'에 제시된 독서의 범위와 원칙이 가장 널리 채택되었다. 대체로 『소학』, 『대학』, 『논어』, 『맹자』, 『중용』, 『시경』, 『서경』, 『주역』, 『춘추』의 차례를 따라 학습이 진행되었다.[17] 그러나 후대에 오면 퇴계의 『주자서절요』와 『성학십도』, 율곡의 『성학집요』와 『격몽요결』 등 우리나라 학자들의 문집이 추가된다.[18]

특히 서원의 수업은 학생들이 서원에서 숙식을 제공받으면서 수업을 듣는 거재교육(居齊教育)과 서원에서 매달 두 차례 열리는 강회(講會)가 있었다.

1746년(영조 22)에 작성된 삼계서원(三溪書院) 거재절목(居齊節目)에 따르면 삼계서원의 경우 순번을 나누어 번갈아 거재하는데, 한 번에 거재하는 인원은 10명이며, 이들이 머무는 기간은 각 15일이다. 15일 동안 거재한 유생들은 순번이 교체되는 매월 초하루와 보름에 그동안 독서한 바에 대하여 평가를 받아야 하며, 이 강회 때에는 재가유생도 모두 참여해야 한다.[19]

매월 두 번 열리는 강회는 강당에 좌우로 정렬하고 강사가 경전(소

17 장동표, 1996.

18 박종배, 2010.

19 박종배, 2010.

학, 사서·삼경, 가례, 근사록 등)의 내용을 설명한 뒤, 강의가 끝나면 유생들을 한 사람씩 불러 읽은 책들을 암송하거나 설명하도록 하고, 성적을 네 등급으로 나누어 평가한다. 성적이 나쁜 학생은 징계를 받고, 계속 성적이 나쁘면 강회에 참석하지 못하도록 쫓아낸다. 강회는 정례적인 서원 교육으로 유생들에게 경전공부를 권장할 목적이었다.

2. 석실서원의 교육방법

미호 김원행은 〈석실서원 강생들을 깨우쳐주다[諭石室書院講生]〉에서 석실서원이 추구한 학문에 대해 "선비가 강학에 충실하는 것은 과연 무엇으로 할 것인가? 장차 내가 본래 소유한 것을 구하려 한다면 진실로 자기에 이익이 있을 따름이다. 진실로 혹 그렇게 여기지 않고 오직 장구(章句)만을 오로지 하고 송설(誦說)만을 공부로 여겨 그 속마음에 얻은 것이 없고 그 외부에서 아름다움을 보기를 찾는다면 이것은 바로 선비의 적일뿐이다."라고 하여 장구와 송설을 지양하고 본성을 회복하여 오직 성인이 되는데 학문의 목적이 있음을 분명히 하였다. 〈유석실서원강생〉은 강학의 중요성과 독서 궁리의 요체를 다음과 같이 설파하고 있다.

서원은 본래 강학을 위해 건설되었는데 선비가 강학하지 않으면 선비라고 말할 수 없을 것이다. 대저 우리 고향에 이 서원 있는 것은 진실로 우리 고향 선비들의 큰 행복이리라. 그렇지만 강학의 일이 적막하고 '글 읽는 소리'가 들리는 것이 없다면 선비의 부끄러움이리라. 지난번에 다행히 유림의 의논으로 강학의 일을 볼 수 있었다면 심히 성대하게 거행될 것이다. 그러나 선비가 강학에 충실하는 것은 과연 무엇으로 할 것인가? 장차 내가 본래 소유한 것을 구하려 한다면 진실로 자기에 이익이 있을 따름이다. 진실로 혹 그렇게 여기지 않고 오직 장구만을 오로지 하고 송설만을 공부로 여겨 그 속마음에 얻은 것이 없고 그 외부에서 아름다움을 보기를 찾는다면 이것은 바로 선비의 적일 뿐이다. 무엇을 강학에서 취할 것인가? 대저 도(道)는 나의 본성에 근본하고 나의 마음에 구비되었으며 동정(動靜)·어묵(語默)·진퇴(進退)의 법칙에 나타나고 군신·부자·부부·장유·붕우의 윤리에 드러나는 것이니, 그 이치는 매우 분명하고 그 일은 매우 순조롭다. 성인이 성인이 되는 것도 이 도를 극진히 할 따름이다. 그러므로 맹자가 말하기를, "성인도 나와 같은 무리이다"고 하였고, 안연(顔淵)이 말하기를, "순임금이 어떠한 분이며 나는 어떤 사람인가? 하고자 함이 있는 자는 또한 이와 같다"고 하였으며, 성간(成覸)이 말하기를, "저들도 장부이고 나도 장부이니 내가 어찌 저들을 두려워하겠는가?"라고 하였다. 저들이 이 말을 하는 것은 어찌 일부러 이러한 대담(大談)과 고론(高論)을 하여 사람을 유인하고 선(善)을 하였겠는가? 진실로 이러한 본성이 한결같이 같고 조금도 어긋남이 없음을 볼 것이다. 오호라! 나의 몸이 이미 성인과 같다면 천하에 귀하고 소중한 것 가운데 무엇이 이보다 크겠는가마는 여전히 자포자기를 편안하게 여겨 돌이키는 것이 없는 것인가? 지금 사람들에게 한 자 한 치되는 보배가 있는데 나도 모르게 잃어버리면 실성하고 탄식하면서 힘을 다해 반드시 얻는 것을 구하지 않음이 없을 것이다. 이는 외물의 적은 것일 뿐이다. 그런데 잃어버려도 심히 애석하게 여기지 않고 구하여도 반드시 얻지 못하면 오히려 또 이와 같은데, 하물며 이 본성의 위대함을 가지고 내가 본래 소유한 것이라고 하는 자는 어찌 다만 한 자 한치되는 보배일 뿐이겠는가? 이에 본성의 위대함을 파묻혀두고 내버려 회복할 것을 생각하지 않으니 어찌 의혹이 아니겠는가? 그러나 그 회복할 방법을 구한다면 다른 것이 없다. 그 단서가 강학에 있으니, 강학을 귀하게 여기는 자는 장차 역행(力行)하여 그 실질을 이행함에 있지 않겠는가? 대개 독서하고 궁리하여 그 지식을 개발하지 않으면, 진실로 그 본성이 본래 있는 것은 역행의 근본이 된다는 것을 알 수 없을 것이고, 비록 안다고 하여도 행하는데 힘쓰지 않으면 밝은 바가 또 자기의 소유가 아니어서 또한 그 본성을 회복할 수 없을 것이다. 그러므로 자사(子思)의 말에서 말하기를 "덕성을 높이고 문학을 말미암는다"고 하였다. 대개 역행(力行)은 '덕성을 높인다'는 것을 말하고, 궁리(窮理)는 '문학을 말미암는다'는 일이다. 대저 성인이 되고자 하는데 덕성을 높이지 않으면 진실로 이를 바가 있을 수 없고, 덕성을 높이고자 하는데 대저 문학을 말미암지 않는다면 또한 그 공부를 이룰 수 없으니, 이는 군자가 강학을 귀하게 여기는 소이이다. 이제는 제군들이 이미 그 일을 시작할 수 있을 것이며 또한 한갓 그 명예를 사모함이 없어 반드시 그 실질을 힘쓸 수 있을 것이며, 글의 장구에 빠지는 것이 없고 송설에 힘쓰는 것이 없어 반드시 마음으로 체득하고 몸으로 이행할 것이다. 만일 성의(誠意)을 말할 경우에는 나의 뜻이 성실한가 그렇지 않은가 말하고, 정심(正心)을 말할 경우에는 나의 마음이 올바른가 그렇지 않은가를 말하고, 수신(修身)을 말할 경우에는 나의 몸이 다스려졌는가 그렇지 않은가를 말하고, 군신(君臣)을 말할 경우에는 반드시 나의 의로움을 다할 것이고, 부자(父子)를 말할 경우에는 반드시 나의 친함을 다할 것이고, 부부(夫婦)를 말할 경우에는 반드시 나의 분별을 다할 것이고, 장유(長幼)와 붕우(朋友)를 말할 경우에는 반드시 그 순서와 신용을 다할 것이다. 그러한 마음에서 나의 행동이 성인에 미치지 못한다고 항상 생각한다면, 나의 일은 오히려 끝맺지 못할 것이 있을 것이다. 날로 그 밝지 못한 것을 강마하고, 날로 할 수 없는 것을 힘쓰면서, 그만두고자 하나 그만둘 수 없는데 이르면 즐거울 것이고, 즐거우면 손발로 춤추는 것을 알지 못할 것이니, 어찌 유쾌하지 않겠는가? 그렇지 않고 단지 옛사람의 말이나 구절만을 가지고 음풍하고 자주 되풀이하며 날아오를 듯이 말하다가 끝내 자신의 몸에 체득함이 없다면 또한 무슨 이익이 있겠는가? 그윽이 최근에 제군의 강학을 보니, 만족한 듯 이르고 끊이지 않고 모이며 오직 혹 뒤처질까 두려워한다면 그 예전의 선에 대해 부지런하다고 말할 수 있을 것이다. 유독 그 마음이 그 명예를 사모하여 할 줄을 알지 못하겠는가? 문득 그 실질의 아름다움이 되는 것을 기뻐할 것이다. 그 명예를 사모하여 하는 자는 이욕(利欲)이 유혹하고 세속 의논이 빼앗을 것이니, 또 어찌 그 끝맺음의 게으름이 없음을 알겠는가? 그 실질의 아름다움이 되는 것을 기뻐하면 그 하는 것은 반드시 다른 사람의 권면이나 감독을 기다리지 않고서도 스스로 분발하는데 즐거워 할 것이다. 마치 목마른 사람은 샘으로 달려가고 값을 탐하는 사람은 재화로 달려가는 것과 같다. 대저 어찌 간단하게 하다 말다 하면서 그 끝맺음의 혹 게으름을 근심하겠는가? 제군들이 이 두 가지에서 과연 어느 것을 드러낼 것인가? 공자가 말하기를, "너는 군자다운 선비가 되고 소인같은 선비가 되지 말라"고 하였다. 명예를 주창하면 소인이 되고 실질을 힘쓰면 군자가 된다. 제군들은 군자가 되고 싶은가 소인이 되고 싶은가? 나는 장차 그 끝맺음을 보며 징험하리라.[20]

위의 글에서 김원행은 "대저 성인이 되고자 하는데 덕성을 높이지 않으면 진실로 이룰 바가 있을 수 없고, 덕성을 높이고자 하는데 대저 문학을 말미암지 않는다면 또한 그 공부를 이룰 수 없으니, 이는 군자가 강학을 귀하게 여기는 소이이다."라고 하여, 성인이 되고자 한다면 먼저 덕성 공부를 하고[尊德性], 덕성 공부를 하기 위해서는 '문학으로 말미암아야 한다'[道問學]하다고 하고, 이어 역행(力行)을 존덕성, 궁리(窮理)를 도문학으로 보았다. 특히 김원행은 독서와 궁리를 통해 인식을 넓히고 이를 바탕으로 본성이 본래 있는 것을 알아서 힘써 행할 수 있다고 보았다.

석실서원의 교육과정과 방법은 율곡 이이의 은병정사 학규와 대동

20 『渼湖集』 卷14, 「雜著」 〈諭石室書院講生〉.

소이하다. 이러한 정황은 농암 김창협의 『농암집』에 "지난 겨울 이후 계속 석실서원에 있다가 지난 달에야 집으로 돌아왔습니다. 저와 함께 어울리고 있는 벗들이 항상 10여 명은 되는데, 이들이 비록 다 과거 시험에 대비할 뜻을 떨쳐버리지 못하고 있기는 하나, 강론하는 것은 대부분 의리에 관한 글로서 이들과 어울려 밤낮으로 절차탁마하노라니 후생을 가르치는 일에 상당히 기운이 난다."[21] 고 하여, 율곡 이이의 학규와 같이 의리에 치중하였음을 알 수 있다. 김창협과 김창흡이 강학하던 때의 학규가 전해지지 않으므로 석실서원의 초기 교과 과정을 알 수는 없으나, 다행히 김원행이 지은 석실서원의 학규와 강규가 전해지고 있어 석실서원의 학문적 지향과 의례 규칙의 전모를 파악할 수 있다. 우선 석실서원의 학규는 기존의 학규에 비해 내용을 구체화하고 있다는 특색을 지니고 있다.

- 재(齋)에 들어오는 규칙은 장유(長幼)와 귀천(貴賤)을 막론하고, 독서에 뜻이 있고 배우려는 자는 모두 재에 들어오게 한다. 이미 들어 온 후에 만일 위의(威儀)를 닦지 않고 말과 행동에 삼가지 않으며, 혹 잘못된 행동[패행]으로 실절(失節)함이 심해서 유풍(儒風)을 손상시켜 욕보임이

21 『農巖集』 권12, 「書」 〈答權致道 丁丑〉, "前冬以來, 連在石室齋舍, 至去月中, 始罷歸. 朋友往來相守者, 常十餘人, 雖皆不免科業之累, 然所講, 皆義理文字, 日夕切劘, 頗能興起於此事. 久遠雖不可保, 其中或不無一二可望, 此箇氣脉, 庶不至斷絶矣. 今日惟有此事, 尙屬自己, 不敢不隨分勉力, 而衰病闌珊, 時有偸心, 以此不自快耳."

있는 자는 재임 또는 재생들의 회의에서 경중에 따라 혹은 자리에서 내치고 혹은 서원에서 내쫓는다. 만일 전일에 패악(悖惡)했던 사람이 들어오기를 원한다면 그로 하여금 먼저 스스로 개과(改過)하고 조심하게 한 다음, 그 행동하는 것을 자세히 보아서 행위가 개선되었음을 확실히 안 뒤에야 들어오는 것을 허락한다.

- 일세의 지위가 있고 덕이 있으며 선비들이 우러러 돌아갈 바가 있는 자를 추대하여 원장을 삼고, 재생 가운데 식견이 있는 한 사람을 택해 장의(掌儀)로 삼으며, 또 한 사람은 유사로, 또 한 사람은 색장(色掌)으로 삼는데, 서울의 재임도 또한 같이 한다. 모두 2년이 되면 바꾸는데, 만약 유사가 서원에 일이 있으면 반드시 이 제한에 구속될 필요는 없다. 무릇 원 안의 의논은 장의가 주도하여 큰 것은 반드시 원장에게 품의하여 결정한다. 무릇 원 안의 물건 출납과 재직(齋直), 사환과 집기의 유무에 관한 일은 유사가 주관하고, 모든 물건은 모두 장부에 기재하여 교체할 때는 새로 맡는 이에게 장부를 넘겨준다.
- 매월 초하루와 보름에는 재임은 제생을 이끌고 건복(巾服)을 갖추고 문묘(文廟)에 나아가 중문을 열고 분향(焚香)하고 【재임이 없으면 재 안에서 연장자가 분향한다.】 재배한다. 【서는 차례는 나이순으로 한다.】 비록 초하루와 보름이 아니더라도 제생이 만일 다른 곳에서 처음 왔거나 혹은 서원에서 집으로 돌아갈 때에는 반드시 묘정(廟廷)에서 재배한다.
- 매일 새벽에 일어나서 침구를 정돈하고 젊은 사람은 비를 들고 방안

을 쓸고, 재직(齋直)을 시켜 뜰을 쓸게 한 다음, 세수와 빗질을 하고 의관을 바르게 매무새한다.

● 해가 뜰 때 모두 건복(巾服)을 입고 묘정에 가서 중문을 열지 않고 재배만 한다. 묘정 밖으로 나와서는 동서로 갈라서서 서로 바라보며 읍례(揖禮)를 하고 각자 물러나 재실로 간다.

● 무릇 독서는 반드시 용모를 바르게 하고 꿇어 앉아 전심치지(專心致志)를 하며 의취(義趣)를 궁구하는데 힘쓰고, 서로 돌아보며 이야기해서는 안된다.

● 무릇 식사 할 때에는 어른과 젊은이가 나이대로 앉고, 음식을 먹는데는 가려 먹지 말며, 늘 배부르기를 바라서는 안된다.

● 무릇 거처(居處)는 반드시 편안한 자리를 어른에게 사양하고 미리 먼저 골라놓지 말며, 열 살 이상의 연장자가 드나들 적에는 연소자는 반드시 일어선다.

● 무릇 책상·책·붓·벼루 같은 물건은 가지런히 두되 모두 평소의 자리에 두고, 행여나 정리하지 않고 흩어서 어지럽게 하지 않는다. 담배를 피거나 차를 마셔도 안되고, 침을 뱉거나 코를 풀어도 안되며, 붓으로 장난을 쳐서 창문이나 벽을 낙서로 더렵혀도 안된다.【또한 신발을 신고 마루에 오르지 않는다.】

● 평상시라도 항상 관대(冠帶)를 정제(整齊)하고, 스스로 편하다고 속옷차림으로 하지 말며,【또한 화사하고 사치스런 옷을 입어서도 안된다.】반드시 아홉가지 용모로 몸가짐을 하기를 엄격한 스승을 대하듯 하

여 끝까지 게을리 해서는 안된다. ○사람이 취해야 할 9가지 용태(容態)로, 발은 무겁고[足容重], 손은 공손하고[手容恭], 눈은 단정하고[目容端], 입은 다물고[口容止], 목소리는 나직나직하고[聲容靜], 머리는 곧고[頭容直], 기상은 엄숙하고[氣容肅], 서 있는 자세도 덕스럽고[立容德], 얼굴빛은 점잖음[色容莊]을 말한다.

- 무릇 언어는 반드시 신중하고 무게 있게 하며, 문자와 예법이 아니면 말하지 말고, 공자께서 괴력난신(怪力亂神)을 말하지 않은 것으로 법을 삼고, 또 범씨(范氏)의 칠계(七戒)를 마음에 간직하고 눈여겨본다. ○첫째, 조정에서 하는 일의 이로움과 해로움, 국경에서 들어오는 보고와 차사(差使)의 임용 등을 말하지 않는다. 둘째, 주현 관원들의 장단점과 잘한 것과 못한 것을 말하지 않는다. 셋째, 여러 사람이 지은 과오와 악한 일을 말하지 않는다. 넷째, 벼슬에 나아가는 일이나 시세에 붙좇고 권세 있는 이에게 아부하는 일을 말하지 않는다. 다섯째, 재리(財利)의 많고 적음과 가난을 싫어하고 부자 되기를 바라는 말을 하지 않는다. 여섯째, 음란과 외설, 희롱하고 업신여김, 여색의 잘나고 못남을 말하지 않는다. 일곱째, 남의 물건을 찾아서 요구하거나 술과 음식을 청하여 달라고 말하지 않는다.(『小學』「外篇」〈廣敬身〉)
- 성현의 글이나 성리(性理)의 설(說)이 아니면 서원 안에서 읽을 수 없으며,【역사 책은 읽는 것을 허락한다.】 만약 과거 공부를 하려고 하는 자라면 반드시 다른 곳에 가서 익힌다.
- 무릇 글을 지을 때는 반드시 모두 의리에 근본하며, 이단이나 괴상한

말로 잡되게 하지 말고, 글씨를 쓸 때도 반드시 단정하면서도 엄격하게 바르게 쓸 것이며 마음 내키는대로 거칠게 써서는 안된다.

- 벗 사이에는 서로 화목하고 공경하기를 힘쓰고, 과실을 서로 바로잡아주고, 착한 일을 하도록 서로 권하며, 귀함이나 현명함이나, 부유함이나, 견문이 많은 것을 자부하고서 같은 또래에게 교만을 부려서는 아니된다. 또 기롱하고 능멸하며 서로 희학(戲謔)하여서도 아니된다.
- 각각 한 방을 지키는데, 어지럽게 서로 찾아다니지 말고, 혹 밥을 먹은 뒤 저녁 시간에 때로 서로 지나치더라도 또한 모름지기 조용히 강마하며, 절대로 오랫동안 앉아서 한담을 해서는 안되니, 이는 실공(實功)에 방해가 되기 때문이다.
- 매번 밥을 먹고 난 뒤에 혹 서원의 뜰을 거닐 때도 모름지기 장자 뒤에서 천천히 거닐어, 질서가 있게 한다.
- 날이 어두운 뒤에는 등불을 밝혀 글을 읽고 밤이 깊은 뒤에야 잔다.
- 새벽에 일어나서부터 밤에 잠자리에 들 때까지 하루 동안에 반드시 하는 일이 있어서 마음을 잠시도 게을리 말아야 한다. 혹 독서하며, 혹 정좌(靜坐)하여 본 마음을 간직하며, 혹 의리를 강론하는 등 학문에 관한 일이 아닌 것이 없으니, 여기에 어긋남이 있으면 곧 배우는 자가 아니다.
- 서책은 원문(院門) 밖으로 나가지 못하게 한다.【학재에 있을 때 만약 책을 보다가 표기를 하고자 한다면 성명을 기록하여 서재(西齋)의 도서관리 책임자에게 제출하고, 다 보고 난 뒤에는 곧바로 도서관리 책

임자에게 반납하여, 서고(書庫)에 돌려놓은 다음에 돌아온다. 그 표기를 하는 과정에서 만약 책을 잃어버리는 일이 발생하면 책을 주고받은 사람에 대해 모두 벌을 논하여 반환하도록 한다.】 여자를 원문 안으로 들이지 못하게 한다.【장기, 바둑 등의 도구 또한 들이지 않는다.】 술을 빚지 않으며, 형벌을 마음대로 쓰지 않는다.【제생이 사사롭게 태형이나 장형 등을 시행할 수 없다는 말이다. 만약 서원에 딸린 사람들이 죄를 지어서 원중(院中)에서 형벌을 시행하는 경우에는 여기에 해당되지 않는다. 다만 수복(守僕)이나 고직(庫直)은 재임(齋任)이 아니면 또한 함부로 벌을 줄 수 없다.】

● 이따금 집에 돌아가더라도 절대로 서원 안에서의 습관을 잊지 말고 마음을 다스리고 몸을 단속하며, 일에 응하거나 물건을 접할 때 모름지기 일일이 도리를 다해서 힘써야 하며, 행여 학재에 들어와서는 신칙(申飭)하고 재를 나가서는 방탕(放蕩) 한다면, 이는 두 마음을 품은 것이니 용납할 수 없다.

● 매월 초하루와 보름에 제생을 강당에 모아놓고 한 사람으로 하여금 학규전체를 큰 소리로 읽게 하고, 처음 학재에 들어온 자는 반드시 학규전체를 먼저 읽도록 한다. 만약 방자해서 학규에 위반하는 자가 있으면 책임을 묻는다.

이와 같이 석실서원의 학규는 초기 서원의 학규를 원용하면서 규정을 보다 세밀하게 보완한 것이었다. 그 중에서고 가장 큰 특징은 중앙 조정과 지방 주현의 정치 현안에 대한 불개입을 천명하고 있다는 점이다. 이는 서원이 붕당정치의 근거지로 변화하고 있던 정치현실과 무관하지 않다고 할 수 있다.

학규(學規)가 서원에서의 원생(院生)이 지켜야할 대체적인 규칙을 설명한 것이라면, 강규(講規)는 서원에서 강회(講會)할 때의 규칙을 기록한 것이다. 석실서원의 강규를 살펴보면 다음과 같다.

- 강회(講會)에 관련된 일은 원장(院長)【공경대부(公卿大夫) 가운데 어진 덕(德)이 있어 선비들의 중망을 받는 사람으로 삼는다】외에, 또 별도로 강장(講長)을 세워 공동으로 주재하도록 한다.【또한 경술(經術)과 행의(行義)가 있어 많은 사람들에게 추천된 사람으로 하되, 거주하는 곳의 멀고 가까움 그리고 지위의 높고 낮음에 구애받지 말도록 한다. 다만 오로지 강학(講學)을 주관하도록 하고, 나머지 일들에는 관여하는 바가 없도록 한다.】
- 강안(講案)은 강회 중에 모인 여러 사람들이 서로 의논하고 기록하여 완성한다. 추가로 참여하기를 원하는 사람이 있으면 첨가하여 써 넣는 것을 허여(許與)하고, 그와 아울러 멀고 가까운 것은 구애받지 않도록 한다.
- 강하는 서책으로는 반드시 『소학(小學)』을 먼저한다. 다음은 『대학(大學)』이고【『대학혹문(大學或問)』을 겸하여 강한다】다음은 『논어(論語)』이고 그 다음은 『맹자(孟子)』이며, 다음은 『중용(中庸)』이고, 그 다음은

『심경(心經)』과 『근사록(近思錄)』이다. 그 뒤에 여러 경전에 미치며, 두루하고 다시 처음부터 시작한다.

- 매월 강회하는 날은 16일로 확정한다. 만일 어떤 연유가 있어 날짜를 미루게 된다면 서원의 책임자[院任]가 사전에 응강(應講)하는 여러 사람들에게 문서를 만들어 통고(通告)한다.
- 매번 강할 때에는 〈강하는〉 사람의 수로 〈강할 책의〉 장수(章數)를 분배(分排)하고, 또 차례대로 찌를 만든다.【첫 번째, 두 번째와 같은 유형이다】 추첨한 것에 의거하여 연차적으로 응강하도록 한다【혹 〈강할 책의〉 장수가 사람 〈수보다〉 적을 경우에는 사람마다 모두 읽는 것은 아니고 〈강할〉 장이 끝나는데 이르러 그만둔다】
- 30세 이상의 사람은 〈책을 보면서〉 그대로 강하고, 그 이하는 〈책을 보지 않고〉 등지고 강한다. 〈책을 보지 않고〉 등지고 강하는 사람은 주석(註釋)일 경우에는 〈책을 보면서〉 그대로 강한다. 동몽(童蒙)일 경우에는 그 우열(優劣)을 상고하여 의논한다.【통(通) 약(略) 조(粗) 불(不)과 같은 유형이다】 연로하여 응강이 있지 않는 사람들은 또한 자리를 함께 하면서 강하는 것을 들을 수 있다.【〈강하는 것을〉 듣는다는 것은 그저 듣는 것이 아닐 따름이다. 반드시 문답하고 토론하는 실질이 있어야 바야흐로 마땅히 '강하는 것을 듣는다'고 하는 칭송을 얻게 되니, 앉아 있으며 함구하거나 침묵할 수 없다】 먼 지역의 사람이 강회에 이르러 함께 청강하기를 원하는 사람은 허여한다.【노소(老少)가 구애받지 않는다】 비록 응강에 해당한 사람이라도 만약 새로이 도착해서 강

습(講習)에 미치지 못하는 경우에는 또한 임의로 함께 청강하는 것을 허여한다.

- 혹시 어떤 연유가 있어 참석하지 못할 경우에는 뒷날 강할 때 반드시 이전에 읽었던 모든 책을 이은 뒤에 비로소 다음 책을 읽는다. 납등(臘等)하여 차례를 어지럽힐 수 없다.
- 강안(講案)에 추가로 들어온 사람이 강하는 책은 또한 각각 원래 순서에 의거한다. 다만 암송할 때 반드시 책을 모두 〈암송하지는〉 않고, 책 가운데 몇 개의 장을 뽑아 시험한다.
- 〈강하려고〉 확정한 편(篇)과 장(章)은 반드시 많아서도 안되고 적어서도 안된다. 다만 날이 짧으면 조금 적게 한다. 강을 모두 마치면 곧바로 서로 반복하며 토론하고 뜻과 취지를 궁구하는데 힘쓰고 이에 그만둔다.
- 강을 마친 뒤에 또 직월(直月)[22]로 하여금 「백록동규(白鹿洞規)」[23]와 「학교규범(學校模範)」[24] 등의 편을 읽도록 한다. 「학교규범」은 3절로 나눈다. 【편수(篇首)로부터 존심(存心)까지가 1절이 되고, 사친(事親)으로부터 응거(應擧)까지 1절이 되고, 수의(守義)로부터 편말(篇末)까지가 1

22 直月: 조선시대에 서원의 규범이나 향약의 일을 맡아보던 직책을 말한다. 오늘날 幹事와 같다.

23 「白鹿洞規」는 중국 송나라 朱熹가 지은 「白鹿洞書院揭示」를 말하는 것으로, 『晦庵集』 권74에 수록되었다.

24 「學校規範」은 栗谷 李珥가 왕명에 의해 선조에게 지어 올린 것으로, 『栗谷全書』 卷15에 수록되었다. 체제는 편수와 편말이 있고 學訓 16條目로 이루어졌는데 조목은 ①立志, ②檢身, ③讀書, ④愼言, ⑤存心, ⑥事親, ⑦事事, ⑧擇友, ⑨居家, ⑩接人, ⑪應擧, ⑫守義, ⑬尙忠, ⑭篤敬, ⑮居學, ⑯讀法 등이다.

절이 된다.】 매번 강회할 적에는 차례대로 읽는다.【서원의 제향(祭享)이 있는 달에는 또 반드시 묘정비문(廟庭碑文)을 읽어 그 감모흥기(感慕興起)의 마음을 발현시킨다.】 또 여력(餘力)이 있으면 비록 당일(當日)에 강할 것이 아니더라도 또한 의문에 따라 서로 질정하는 것은 허여하지만, 다만 이단(異端)과 잡서(雜書)는 허여하지 말라.

- 여러 유생(儒生)들 가운데 문자(文字)에 능하고 기술(記述)을 잘하는 사람으로 직월(直月)을 삼고 한 달마다 교체한다. 매번 강회할 때 원장과 강장이 모두 참석하지 못할 경우에는 여러 유생이 스스로 서로 문답하되 의리(義理)의 중대함과 관계가 있는 것은 직월로 하여금 기록하여 한 통(通)으로 만들어 원장과 강장에게 보내 질의하며 그 답변한 것과 아울러 서원에 보관한다.
- 어떤 연유가 있어 강회에 나오지 못할 경우에는 해당 달에 읽을 편 가운데에서 그 의심나는 뜻을 기록하여 원장과 강장에게 올린다.【또한 답송(答送)이 있으면 그 사람에게 보여준 뒤 서원에 보관한다.】 비록 강회에 참석한 사람도 먼저 의심나는 조목을 갖추는 것을 허여하며, 강이 끝나기를 기다려 모임 중에서 질정한다.
- 강안에 들어있는 사람이 혹 강회에 나오지 못할 경우에는 단자(單子)[25]를 올린다.【만약 수 30리 밖에 있어서 형세가 전인(專人)[26]으로 단자를

---

25 單子: 사정을 써서는 올리는 글을 말한다.

26 專人: 어떤 일로 특별히 보내는 사람을 말한다.

올리기 어렵다면 그렇게 하지 않는다.】 여러 사람이 다함께 아는 부득이한 경우가 아닌데 〈이런 저런 일로〉 의탁하거나 둘러내고 참석하지 않으면 회중 면전에서 주의시키고 재차 참석하지 않으면 자리에서 쫓아낸다.【잘못을 고치기를 요청한 연후에 여러 사람들이 책망하고 환원시킨다.】 만약 강학에 뜻이 없어 전혀 강회에 나오지 않는 사람은 강안에서 삭제한다.

● 매번 강할 적에는 문득 모인 사람 가운데 사람의 성명을 차례로 써서 하나는 서원에 두고 하나는 원장과 강장에게 보낸다【원장과 강장이 만약 강회에 참석하였다면 그렇게 하지 않는다】

석실서원의 강학에 관한 규정은 위와 같이 세세하게 구비되어 있었다. 강회, 소임, 강안, 고강, 청강, 징계에 이르기까지 강규를 구체적으로 세분한 것은 서원의 규모확대나 관여 인원의 증가에 따른 불가피한 조처였던 것으로 이해된다.

이처럼 석실서원에서의 교육과정과 교육방법은 학규와 강규에 의해 체계적으로 제시되어 있으며, 김원행은 서원의 목적을 "서원은 본래 강학을 위해 건설되었는데 선비가 강학하지 않으면 선비라고 말할 수 없을 것이다."고 하고, 이어 강학의 목적을 "내가 본래 소유한 것을 구하는 것"이라고 하였다. 그렇기 때문에 "오직 장구만을 오로지 하고 송설만을 공부로 여겨 그 속마음에 얻은 것이 없고 그 외부에서 아름다움을 보기를 찾는다면 이것은 바로 선비의 적일 뿐"이라고 하였다.[27] 특히 김원행은 강학의 궁극적인 목적은 성인(聖人)이 되는데 있다고 하였다. 그는 "대저 성인이 되고자 하는데 덕성을 높이지 않으면 진실로 이룰 바가 있을 수 없고, 덕성을 높이고자 하는데 대저 문학을 말미암지 않는다면 또한 그 공부를 이룰 수 없으니, 이는 군자가 강학을 귀하게 여기는 까닭"[28]이라고 하였다. 그리고 강학의 순서를 "강하는 서책으로는 반드시 『소학』을 먼저한다. 다음은 『대학』이고, 다음은 『논어』이고, 그 다음은 『맹자』이며, 다음은 『중용』이고, 그 다음은 『심경』과 『근사록』이다. 그 뒤에 여러 경전에 미치며, 두루 다시 시작한다."[29]고 하였다. 그리고 "매월 강회하는 날은 16일이며, 강할 때에는 강하는 사람의 수로 책의 장수(章數)를 분배하고, 추첨에 따라 연차적으로 응강하도록 한다."[30]는 것이다. 특이한 것은 "30세 이상의 사람

---

27 『渼湖集』 卷14, 「雜著」 〈諭石室書院講生〉, "書院本爲講學而設, 士不講學, 不足謂之士矣. 夫吳鄕之有是書院, 實吳鄕之士之大幸也. 而講學之事, 寥寥乎無聞則士之耻也. 乃者幸因儒林之議, 得見講學之事, 則甚盛擧也. 然士之所以汲汲於講學, 果欲以何爲耶. 將以求吳之所固有, 而誠有益於己而已. 苟或不然, 而惟章句之爲專, 誦說之爲工, 無所得於其中, 而求以觀美於其外, 則是乃儒之賊耳."

28 『渼湖集』 卷14, 「雜著」 〈諭石室書院講生〉, "尊德性而道問學, 蓋力行者, 尊德性之謂也. 窮理者, 道問學之事也. 夫欲做聖人而不尊德性, 固不能有所至, 而欲尊德性而不道夫問學, 亦無以成其功, 此君子所以貴於講學也."

29 『渼湖集』 卷14, 「雜著」 〈石室書院講規〉, "所講書, 必先小學, 次大學, 次論語, 次孟子, 次中庸, 次心經, 近思錄, 後及諸經, 周復始."

30 『渼湖集』 卷14, 「雜著」 〈石室書院講規〉, "每講時, 以人數分排章數. 又以第次爲栍, 依所抽 使以年次應講."

은 책을 보면서 그대로 강하고, 그 이하는 책을 보지 않고 등지고 강한다."고 하여, 나이든 사람을 배려하였으며, "강을 모두 마치면 곧바로 서로 반복하여 토론하며, 뜻과 취지를 궁구하는데 힘쓰고 이에 그만둔다."고 하였다. 그리고 "강(講)을 마친 뒤에 또 직월(直月:간사)로 하여금 〈백록동규〉와 〈학교규범〉 등의 편을 읽도록 하였다."는 것이다.[31]

그리고 서원에서의 생활규칙을 살펴보면, "매월 초하루와 보름에 재임은 제생을 이끌고 건복(巾服)을 갖추고 문묘(文廟)에 나아가 중문을 열고 분향하고, …… 비록 초하루와 보름이 아니더라도 제생이 만일 다른 곳에서 처음 왔거나 혹은 서원에서 집으로 돌아갈 때에는 반드시 묘정(廟廷)에서 재배한다."[32]고 하였다. 그리고 "매일 새벽에 일어나서 침구를 정돈하고 젊은 사람은 방안을 쓸고, 재직(齋直)을 시켜 뜰을 쓸게 한 다음, 세수와 빗질을 하고 의관을 매무새한다. …… 식사 할 때에는 어른과 젊은이가 나이대로 앉고, 음식을 먹는데는 가려 먹지 않으며 배부르기를 바라서는 안된다."[33]고 하였다.

그리고 "거처할 때 편안한 자리는 어른에게 사양하고, 열 살 이상의

31 『渼湖集』 卷14, 「雜著」 〈石室書院講規〉, "三十以上臨講 以下背講 背講者 …… 講皆畢, 卽相反復討論, 務窮旨趣迺已. …… 講後又使直月讀白鹿洞規, , 學校模範等篇, 模範分三節."

32 『渼湖集』 卷14, 「雜著」 〈石室書院學規〉, "每月朔望, 齋任率諸生, 具巾服詣廟, 開中門焚香. …… 雖非朔望 諸生若自外新至 或自院辭歸 則必於廟庭再拜."

33 『渼湖集』 卷14, 「雜著」 〈石室書院學規〉, "每日晨起, 整疊寢具, 少者持箒掃室中, 使齋直掃庭, 皆盥櫛衣冠. …… 凡食時, 長幼齒坐, 於飮食不得揀擇, 常以食無求飽爲心."

연장자가 드나들 적에는 연소자는 일어선다. …… 담배를 피거나 차를 마셔서도 안되고, 침을 뱉거나 코를 풀어서도 안되며, 붓으로 장난을 쳐서 창문이나 벽을 낙서로 더렵혀서도 안된다."[34]고 하였다. 특히 서원에서 "말할 때는 반드시 신중하고 무게 있게 하며, 문자와 예법이 아니면 말하지 말고, 공자께서 괴력난신(怪力亂神)을 말하지 않은 것으로 법으로 삼아야 한다는 것"[35]이다. 이어 범씨(范氏)의 칠계(七戒)를 들어, "첫째, 조정에서 하는 일의 이로움과 해로움, 국경에서 들어오는 보고와 차사(差使)의 임용 등을 않는다. 둘째, 주현 관원들의 장단점과 잘한 것과 못한 것을 말하지 않는다. 셋째, 여러 사람이 지은 과오와 악한 일을 말하지 않는다. 넷째, 벼슬에 나아가는 일이나 시세에 붙좇고 권세 있는 이에게 아부하는 일을 말하지 않는다. 다섯째, 재리(財利)의 많고 적음과 가난을 싫어하고 부자 되기를 바라는 말을 하지 않는다. 여섯째, 음란과 외설, 희롱하고 업신여김, 여색의 잘나고 못남을 말하지 않는다. 일곱째, 남의 물건을 찾아서 요구하거나 술과 음식을 청하여 달라고 말하지 않는다."[36]고 하였다.

---

34 『渼湖集』 卷14, 「雜著」 〈石室書院學規〉, "凡居處, 必以便好之地, 推讓於長者, 毋得先自擇占, 年十歲以長者, 出入時, 少者, 必起. …… 不得以煙茶唾洟戱筆點汙窻壁."

35 『渼湖集』 卷14, 「雜著」 〈石室書院學規〉, "凡言語必愼重, 非文字禮法則不言, 以夫子不語怪力亂神爲法."

36 『渼湖集』 卷14, 「雜著」 〈石室書院學規〉, "一, 不言朝廷利害邊報差除. 二, 不言州縣官員長短得失. 三, 不言衆人所作過惡. 四, 不言仕進官職趨時附勢. 伍, 不言財利多少厭貧求富. 六, 不言淫媟戱慢評論女色. 七, 不言求覓人物干索

특히 석실서원에서는 "성현의 글이나 성리의 설이 아니면 서원 안에서 읽을 수 없지만 역사책은 읽어도 된다."[37]고 하였다. 퇴계 이황과 율곡 이이의 서원에 대한 이해와 운영 방식은 대동소이하였지만 과거 준비에 대한 인식만은 대조적이었다. 특이한 것은 일평생 출사를 기피하고 벼슬에 나오면 물러나기를 바랐던 이황(李滉)이 서원에서 과거 공부하는 것을 허락하였던 데 비해 오히려 현실참여에 적극적이었던 이이(李珥)는 서원에서 과거공부를 허락하지 않았다는 점이다. 김원행도 석실서원에서 과거 공부를 허락하지 않는 원칙적 입장을 견지하고 있었다. 이에 학통과 정파가 일정하게 영향을 미쳤다고 보이는 바 석실서원에서의 교육과정과 방법은 이이의 문원서원 학규에 충실하면서 서원의 실정에 적절하게 가감하였던 것으로 평가할 수 있다.

酒食."

37 『渼湖集』 卷14, 「雜著」 〈石室書院學規〉, "非聖賢之書性理之說 則不得披讀于院中, 史册則許讀, 若欲做科業者, 必習于他處."

제 5 장
석실서원에 배향된 인물

석실서원이 훼철되기까지 배향이 거론된 인물은 모두 11명에 이른다. 서원 창건 당시 김상헌(金尙憲)을 주벽으로 김상용(金尙容)을 배향한 이후 주향(主享)은 변동이 없었으나 배향은 당쟁의 양상에 따라 변화가 극심하였다. 석실서원을 소개한 전적류들은 다양하지만 각기 배향인물을 다르게 기록하고 있다. 몇가지 예를 들어보면 『연려실기술』, 『조두록(俎豆錄)』, 『양주읍지(楊州邑誌)』, 『증보문헌비고』에는 김상용, 김상헌, 김수항, 민정중, 이단상, 김창협, 김원행, 김조순 등 8명이 기록되어 있다. 『대동지지(大東地志)』에는 김상용, 김상헌, 김수항, 민정중, 이단상 등 5명만 올라 있다. 이 같은 변화는 편찬 시기와 시대상황의 차이에서 비롯된 것으로 보인다. 그러나 『조선왕조실록』, 『비변사등록』, 『원향록(院享錄)』의 기사 분석에 의거하면 사우(祠宇) 창건시의 2명에서부터 최대 11명에 이르기까지 향사하였던 것으로 판단된다.

1803년(순조 3) 지은이 미상(未詳)의 〈석실서원사제문〉에서는 석실서원의 위상에 대해 다음과 같이 읊고 있다.

維楊之東 石室巖巖 양주 고을 동쪽에 석실이 웅장하니
譬彼泰山 魯邦所詹 태산을 노나라가 우러러봄 비슷해
正氣攸萃 哲人代興 바른 정기 모인 곳 철인 계속 일어나
國以綱紀 士有儀刑 나라의 기강 되고 사류는 모범 있네.
…… …… …… ……
惟玆一院 凡六君子 여기 이곳 한 서원에 모신 군자 여섯인데
壎篪競奏 堂構紹美 형제 서로 앞다투어 선대 미덕 계승했고
暨厥師友 一揆同貫 사우들과 어울리어 한 마음에 같은 연원
豈聚星比 合紫陽贊 별들 모임 아닐소냐 자양의 찬 합당하다.
輦路莽蒼 起予曠感 거둥길이 아득하여 그저 감회 일어날 뿐
光垂精英 髣髴入覽 허나 정수 남아 있어 이내 눈에 보이는 듯
有菀喬木 周士亦世 공신 자손 주나라 때 대대로 녹 주었나니
伻來致侑 風動無際 제관 보내 제향 올려 교화 널리 베푼다오.

사제문에 의하면 19세기 초의 석실서원 배향인물은 6명인 것으로 파악된다. 순조 즉위 초기 국왕이 제관을 보내 제향을 올린 것으로 보이며 석실서원의 전성기를 묘사한 시문은 이 때 작성한 것으로 추정된다. 여기에는 김상용, 김상헌, 김수항, 민정중, 이단상, 김창협 등 여

섯 배향 인물의 업적도 함께 시로써 읊었는데, 약전을 기술할 때 첫머리에 인용하고자 한다.

1. 김상용(金尙容, 1561～1637)

精忠宿德 순수한 충의에다 덕 높은 노인
烈士名相 기개 있는 선비요 명상으로서
範宇淵凝 법도와 도량 모두 심후하였고
辭氣春盎 말씀 기운 봄처럼 온화했는데

中丁艱否 중간에는 나라의 불행을 만나
薑桂愈辣 생강 계피 맛보다 훨씬 더 맵게
正色巖廊 조정에서 의용을 엄숙히 하자
頹俗爲率 무너진 풍속 또한 변화되었네

熊魚倉卒 다급한 상황에서 의리와 이욕
判自從容 차분하게 올바로 판단을 하여
南樓烈焰 남루에서 폭파한 맹렬한 불길
上蟠蒼穹 피어올라 창공에 서리었다네

樂有賢弟 기분 좋다 훌륭한 아우 또 있어
大義講熟 춘추대의 평소에 익히 밝히니
煌煌靑史 청사에 그 이름이 찬란히 빛나
匹美孤竹 백이숙제 미덕과 짝을 이뤘네.

조선 인조 때의 상신(相臣)으로 병자호란 때 순절하였다. 본관은 안동으로 자는 경택(景擇), 호는 선원(仙源) · 풍계(楓溪) · 계옹(溪翁), 시호는 문충(文忠)이다. 서울 출신으로 돈녕부도정 극효(克孝)의 아들이자 좌의정 상헌(尙憲)의 형이며, 좌의정 정유길(鄭惟吉)의 외손이다.

일찍이 김상용은 외조부에게서 고문과 시를, 박수(朴受)에게서 『주역』을, 윤기(尹箕)에게서 『춘추좌전』을 배우고, 우계(牛溪) 성혼(成渾, 1535~1598)의 문하에서 수업하였으며, 율곡(栗谷) 이이(李珥, 1536~1584)를 스승의 예로 존숭하였다. 황신(黃愼) · 이춘영(李春英) · 이정구(李廷龜) · 오윤겸(吳允謙) · 신흠(申欽) 등과 친밀했으며, 당색이 다른 정경세(鄭經世)와도 도학으로서 교유하였다.

1582년(선조 15)에 진사가 되고, 1589년(선조 22) 겨울에 당시 정여립의 모반사건이 일어나고 구언(求言)의 교지가 있었는데 성균관의 태학생들이 상소하면서 선원을 소두(疏頭)로 삼았다. 이에 김상용은 오윤겸을 비롯한 여러 사람과 같이 상의하여 교화가 밝지 못하고 윤리가 어그러지는 등 역모가 일어나게 된 원인을 극언하고 옥사가 많이 일어나는 가운데에서도 무고한 사람은 구분하여야 할 것을 개진하여 선조의 좋은 비답을 받았다.

김상용

1590년에 증광문과에 병과로 급제하여 승문원부정자·예문관 검열이 되었다. 1592년 임진왜란이 일어나자 강화 선원초(지금의 선원면 냉저리)로 피난했다가 양호체찰사(兩湖體察使) 정철(鄭澈)의 종사관이 되어 왜군토벌과 명나라 군사 접대에 공을 세움으로써 1598년 승지에 발탁되고, 그 뒤 왕의 측근에서 전란 중의 여러 사무를 보필했으며, 성절사(聖節使)로서 명나라에 다녀오기도 하였다. 1601년 대사간이 되었으나, 1602년 북인(北人)의 배척을 받아 정주(定州) 목사로 좌천되었다. 당시 소북(小北)의 영수인 유영경(柳永慶, 1550~1645) 등이 정치를 전단하면서 김상용을 제일 먼저 축출하였다. 이때 김상용은 장남의 상을 당했는데 장례도 치르지 못하고 임지로 떠났다.

그는 좌천된 사람으로 자처하지 않고 임기가 만료될 때까지 애민정신으로 묵은 폐단을 개혁하고 농민들을 구휼(救恤)하였으며, 틈을 내어 학교를 정비하고 몸소 학생들을 가르쳐서 유풍(儒風)이 크게 떨쳐졌으며, 황무지를 개간하고 물고를 막아 수많은 농민들이 혜택을

크게 입게 되었다. 이 때 평안감사 김신원(金信元)이 장계하기를,

> 정주목사 김상용은 몸가짐이 청렴하고 근실하고 처사가 분명하고 매듭이 있어 간사한 서리들이 두려워하고 백성들이 은혜를 사모하였으며, 학교와 군무(軍務)에 이르기까지 모두 잘 닦였으므로 치적이 도내 으뜸입니다. 다만 그의 임기 만료되는 시기가 가까이 옴으로 백성들이 지극한 정성으로 머무르게 해주기를 일제히 호소하여 마지 않습니다.[01]

라고 하였다. 고을 사람들이 1604년(선조 37) 8월 임기가 만료되어 돌아갈 때 그의 공덕을 기리는 비를 세웠다. 이후 지방관을 전전하다가 1608년(광해군 즉위년) 잠시 한성우윤·도승지를 지낸 뒤 계속 한직에 머물렀다. 1617년 폐모론이 일어나자 이에 반대하여 벼슬을 버리고 원주로 거처를 옮겨 화를 피했다.

김상용은 선비정신을 기반으로 집에 거처하여서는 효도와 우애를 돈독하게 실천하였으며, 조정에 나가서는 청렴과 절조에 힘썼으며, 자기를 다스리고 남을 대함에 성신(誠信)으로 한결같이 하였다. 언제나 말과 행동이 일치하여 실덕(實德)이 부합되어 나타나지 않은 것이 없으며, 항상 겸손함과 조심함을 추구하여 이름이 드날리는 것을 전혀 좋아하지 않았으므로 당시 이를 아는 사람이 드물었다고 한다. 그

01 『선조실록』 권176, 37년(1604) 7월 22일(신미).

가 평생을 얼마나 조심스럽게 경(敬)의 자세로 살았는지는 좌우명으로 삼았던 다음의 글에서도 확인할 수 있다.

> 달도 차면 기울고, 그릇도 가득 차면 엎어지고, 가장 높은 위치에 오른 용은 후회가 있으며, 만족함을 알면 욕심이 없고, 권세는 믿을 것이 없으며, 욕심은 다할 수 없으니 하루종일 경계하고 두려워하기를 깊은 연못에 임한 듯, 엷은 얼음을 밟는 듯이 하라.

인조반정 뒤에 판돈녕부사에 기용되었고, 이어 병조·예조·이조의 판서를 역임하였으며, 정묘호란 때는 유도대장으로서 서울을 지켰다. 1624년(인조 2) 5월 28일에 인조는 이미 체직(遞職)된 병조판서의 후임으로 최종 좁혀진 김상용과 이정구(李廷龜), 그리고 이홍주(李弘胄, 1562~1638) 세 사람 가운데에서 누가 좋은지를 대신들에게 물었다. 이에 좌의정 윤방은 "이정귀는 전에 이미 여러 차례 경력이 있으나 강직하기는 김상용에 미치지 못합니다."라고 하였으며, 우의정 신흠은 "역량은 이홍주가 나으나, 처사가 공정하기로는 김상용이 낫습니다."라고 하니 이에 인조는 김상용을 병조판서에 임명하였다. 이는 당시 김상용의 강직한 성품과 공정한 처사에 대하여 많은 대신들이 존숭하였음을 알 수 있다. 1630년(인조 8) 기로사(耆老社)에 들어가고 1632년 우의정에 발탁되었으나 바로 사퇴하였다.

특히 김상용은 정치적으로 서인에 속하면서 인조(仁祖) 초에 서인

남양주시 와부읍 덕소리 소재, 김상용의 묘 ©김준호

이 노·소(老少)로 갈리자 노론의 영수가 되었다. 시와 글씨에 뛰어났는데, 특히 서체는 이왕(왕희지·왕헌지)의 필법을 본뜨고, 전서(篆書)는 중체(衆體)를 겸하였다. 작품으로는 평양의 숭인전비(崇仁殿碑) 및 풍덕군수(豊德郡守) 장인정(張麟禎)의 비에 남긴 전액(篆額)이 있다. 시조로는 〈 오륜가 〉 5장과, 〈 훈계자손가 〉 9장이 전한다.

1636년 병자호란 때 묘사(廟社)의 신주를 받들고 빈궁·원손을 수행하여 강화도에 피난하였다가 적의 선봉이 이미 성밖에 도착하여 남문에 오르고 점차 적병이 사방을 둘러싸자 사람들이 김상용에게 피하기를 청하였지만, 김상용은 동요함이 없이 탄식하여 말하기를, "나는 국가의 대신이니 다만 죽음이 있을 뿐이다. 어찌 구차스럽게 살려고 하겠는가?" 라고 하였다. 곧이어 성이 장차 함락되려 하자 김상용은 하인에게 입었던 옷을 벗어주며 아들에게 전하여 뒷날 허장(虛葬)의 제구로 쓸 수 있도록 부탁하고는 성의 남문루(南門樓)에 있던 화약에 불을 지르고 순절하였다. 한때 그의 죽음을 놓고 스스로 분신한 것이 아니라 실화(失火) 때문이라는 이설도 있었다. 그러나 박동선(朴東善)·강석기(姜碩期)·신익성(申翊聖) 등의 변호로 정려문(旌閭門)이 세워졌다. 후에 영조(英祖)는 그의 죽음을 두고 청나라로 붙잡혀 간 삼학사는 그렇다 하지만 반드시 죽지 않아도 될 대신이 스스로 목숨을 끊은 그 의리는 장엄하고 크다고 했다. 또 "진정 어려운 것은 반드시 죽을 일이 아닌데도 스스로 죽는 것"이라고 말하며 그에게 존경을 표하기도 했다.

1637년(인조 15) 1월 22일 『인조실록』「졸기(卒記)」에 다음과 같이 기록하였다.

> 전 의정부 우의정 김상용이 죽었다. 난리 초기에 김상용이 상의 분부에 따라 먼저 강도(江都)에 들어갔다가 적의 형세가 이미 급박해지자 분사(分司)에 들어가 자결하려고 하였다. 인하여 성의 남문루(南門樓)에 올라가 앞에 화약(火藥)을 장치한 뒤 좌우를 물러가게 하고 불 속에 뛰어들어 타죽었는데, 그의 손자 한 명과 노복 한 명이 따라 죽었다. 김상용의 자는 경택이고 호는 선원으로 김상헌의 형이다. 사람됨이 중후하고 근신했

으며 선묘(宣廟)를 섬겨 청직(淸職)과 화직(華職)을 두루 역임하였는데, 해야 할 일을 만나면 임금이 싫어해도 극언하였다. 광해군(光海君) 때에 참여하지 않아 화가 박두했는데도 두려워하지 않았다. 상이 반정(反正)함에 이르러 더욱 중하게 은총을 받아 지위가 정축(鼎軸)에 이르렀지만, 항상 몸을 단속하여 물러날 것을 생각하며 한결같이 바른 지조를 지켰으니, 정승으로서 칭송할 만한 업적은 없다 하더라도 한 시대의 모범이 되기에는 충분하였다. 그러다가 국가가 위망에 처하자 먼저 의리를 위하여 목숨을 바쳤으므로 강도의 인사들이 그의 충렬(忠烈)에 감복하여 사우(祠宇)를 세워 제사를 지냈다.[02]

1758년(영조 34) 영의정에 추증되었으며, 강화 충열사(忠烈祠), 양주 석실서원, 정주 봉명서원(鳳鳴書院), 안변 옥동서원(玉洞書院), 상주 서산서원(西山書院), 정평 모현사(慕賢祠)에 제향되었다. 문집으로 『선원유고』 7권이 전하고 있으며, 판본은 안동 봉정사(鳳停寺)에 보관되어 있다. 그의 문집에 전해지는 〈오륜가〉와 〈훈계자손가〉는 국문학적으

02 『인조실록』권34, 인조 15년(1637)1월 22일(임술), "前議政府右議政金尙容死之° 亂初, 尙容因上敎, 先入江都° 及賊勢已迫, 入分司, 將欲自決, 仍上城南門樓, 前置火藥, 麾左右使去, 投火自燒° 其一孫′ 一僕從死° 尙容字景擇′ 號仙源, 尙憲之兄也° 爲人重厚謹愼, 事宣廟, 歷踐淸華, 遇事犯顔極言° 光海時, 不參廢母之論, 禍且迫而不懼° 及上反正, 寵遇尤重, 位至鼎軸, 而恒思斂退, 雅操如一° 雖相業無稱, 而足以矜式一時° 及至顚沛之際, 爲殉義之先, 江都人士, 服其忠烈, 立祠以祭之."

로 매우 귀중한 자료이다. 〈오륜가〉와 〈훈계자손가〉의 전문을 인용하면 다음과 같다.

<五오倫륜歌가 五오章장>

1. 어버이子ᄌᆞ息식ᄉᆞ이 하ᄂᆞᆯ삼긴至지親친이라 父부母모곳아니면 이몸이 이실소냐 烏오鳥됴도反반哺포ᄅᆞᆯ ᄒᆞ니 父부母모孝효道도ᄒᆞ여라 (右우父부子ᄌᆞ之지倫륜)
2. 님군을셤기오ᄃᆡ 正졍ᄒᆞᆫ길노引인導도ᄒᆞ야 鞠국躬궁盡진瘁췌ᄒᆞ야 죽은後후의마라ᄉᆞ라 가다가不불合합곳ᄒᆞ면 믈너간들엇더리 (右우君군臣신之지倫륜)
3. 夫부婦부라ᄒᆡ온거시 ᄂᆞᆷ으로되여이셔 如여鼓고瑟슬琴금ᄒᆞ면 긔아니즐거오냐 그러코恭공敬경곳아니면 卽즉同동禽금獸슈ᄒᆞ리라 (右우夫부婦부之지倫륜)
4. 兄형弟뎨두몸이나 一일氣긔로ᄂᆞᆫ화시니 人인間간의貴귀ᄒᆞᆫ거시 이外외예ᄯᅩ잇ᄂᆞᆫ가 갑주고못어들거ᄉᆞᆫ 이ᄲᅮᆫ인가ᄒᆞ노라 (右우長댱幼유之지倫륜)
5. 벗을사괴오ᄃᆡ 처음의삼가ᄒᆞ야 날도곤나으니로ᄀᆞᆯ히여사괴여라 終죵始시허信신義의ᄅᆞᆯ딕희여 久구而이敬경之지ᄒᆞ여라 (右우朋붕友우之지倫륜)

<訓훈戒계子ᄌᆞ孫손歌가 九구章장>

1. 이바아희들아 내말드러ᄇᆡ화ᄉᆞ라 어버이孝효道도ᄒᆞ고 어룬을恭공敬경

ᄒᆞ야 一일生ᄉᆡᆼ의孝효悌뎨ᄅᆞᆯ닷가 어딘일홈어더라

2. ᄂᆞᆷ의말니ᄅᆞ디말고 내몸을ᄉᆞᆯ펴보아 허믈을고티고어딘ᄃᆡ올마ᄉᆞ라 내몸의온갓흉이시면 ᄂᆞᆷ의말을니ᄅᆞ랴

3. 사ᄅᆞᆷ이되여이셔 용ᄒᆞᆫ길로ᄃᆞᆫ녀ᄉᆞ라 言언忠튱信신行ᄒᆡᆼ篤독敬경을 念념慮녀의닛디마라 내몸이용티곳아니면 洞동內ᄂᆡ옌들ᄃᆞᆫ니랴

4. 말을삼가ᄒᆞ여 怒노호온제더ᄎᆞᆷ아라 ᄒᆞᆫ번을失실言언ᄒᆞ면 一일生ᄉᆡᆼ의뉘웃브뇨 이中듕의조심ᄒᆞᆯ거시 말ᄉᆞᆷ인가ᄒᆞ노라

5. ᄂᆞᆷ과ᄢᅡ홈마라 ᄢᅡ홈이害해만ᄒᆞᄂᆞ뇨 크면官관訟숑이오 젹으면羞슈辱욕이라 무ᄉᆞ일내몸을그ᄅᆞᆺᄃᆞᆫ녀 父부母모羞슈辱욕먹이리

6. 그ᄅᆞᆫ일몰나ᄒᆞ고 뉘우쳐다시마라 알고도ᄯᅩᄒᆞ면 내죵내그ᄅᆞ리라 眞진實실로허믈곳고티면 어딘사ᄅᆞᆷ되리라

7. 貧빈賤쳔을슬허말고 富부貴귀ᄅᆞᆯ불워마라 人인爵쟉곳닷그면 天쳔爵쟉이오ᄂᆞ니라 萬만事ᄉᆞᄅᆞᆯ하ᄂᆞᆯ만밋고 어딘일만ᄒᆞ여라

8. 慾욕心심난다ᄒᆞ고 뭇ᄡᅳᆯ일ᄒᆞ디마라 나ᄂᆞᆫ니저셔도 ᄂᆞᆷ이樣양子ᄌᆞ보ᄂᆞ니라 ᄒᆞᆫ번을惡악名명을어드면 어ᄂᆞ믈노시ᄉᆞ리

9. 일니러洗세手슈ᄒᆞ고 父부母모긔問문安안ᄒᆞ고 左좌右우의뫼와이셔 恭공敬경ᄒᆞ야셤기오ᄃᆡ 餘여暇가의글비화닑어 못밋ᄎᆞᆯᄃᆞᆺᄒᆞ여라

2. 김상헌(金尙憲, 1570~1652)

斯文宗主 사문을 대표하는 인물에다가
天下大老 천하의 지체 높은 노인으로서
手擎天常 손으로 강상 윤리 높이 받들고
身任世道 몸으로 세상 도덕 책임졌나니
文公小學 문공이라 주자의 소학 교훈과
孟氏浩氣 아성이라 맹자의 호연지기로
剛方正直 강직하고 방정한 정신을 지녀
戰兢臨履 전전긍긍 언제나 조심하였네
忠炳齧旄 깃대 털 뜯어 먹던 충성에다가
勇邁蹈刃 맨발로 칼날 밟는 용맹으로서
江宗萬折 일만 번 꺾이어도 동해 향하는 강이요
壁立千仞 일천 길 하늘 높이 우뚝 솟은 절벽이라
潞公安否 노공 어른 근황이며
司馬名姓 사마군실(司馬君實) 성명을
婦孺皆知 부녀자와 애들도 모두 알았고
ㅁㅁ亦敬 하인이며 종들도 존경하였네.

조선 인조·효종 때의 상신으로 본관은 안동이고 자는 숙도(叔度), 호는 청음(淸陰)·석실산인(石室山人)·서간노인(西磵老人), 시호는 문정

(文正)이며 서울에서 태어났다. 김번(金璠)의 증손으로, 할아버지는 군수 김생해(金生海)이고, 아버지는 돈녕부도정(敦寧府都正) 김극효(金克孝)이며, 어머니는 좌의정 정유길(鄭惟吉)의 딸이다. 우의정 김상용의 동생이다. 3세 때 큰아버지인 현감 김대효에게 출계하였다. 1585년(선조 8) 윤근수(尹根壽)의 문하에서 경사(經史)를 수업하고, 성혼(成渾)의 도학에 연원을 두었다. 이정구(李廷龜)·김유(金楺)·신익성(申翊聖)·이경여(李敬輿)·이경석(李景奭)·김집 등과 교유하였다.

1590년(선조 23)에 진사가 되고 1596년에 전쟁 중에 치러진 정시문과에 병과로 급제, 권지승문원부정자에 임명되었으며, 이후 부수찬·좌랑·부교리를 거쳐 1601년 제주도에서 발생한 길운절(吉雲節)의 역옥을 다스리기 위한 안무어사로 파견되었다가 이듬해 복명, 고산찰방과 경성도호부판관을 지냈다. 1608년(광해군 즉위년) 문과중시에 급제, 사가독서한 후 교리·응교·직제학을 거쳐 동부승지가 되었으나 회재(晦齋) 이언적(李彦迪)과 퇴계(退溪) 이황(李滉) 배척에 앞장선 정인홍(鄭仁弘)을 탄핵하였다가 광주부사로 좌천되었다. 1613년 칠서지옥(七庶之獄)이 발생, 인목대비의 아버지인 김제남(金悌男)이 죽음을 당할 때 혼인관계(아들 광찬이 김제남의 아들 내(琜)의 사위)로 인해 파직되자 집권 세력인 북인(北人)의 박해를 피해 안동시 풍산으로 이사하였다. 1623년 인조반정 이후 이조참의에 발탁되자 공신 세력의 보합위주정치(保合爲主政治)에 반대, 시비(是非)와 선악의 엄격한 구별을 주장해 서인 청서파(淸西派)의 영수가 되었다. 이어 대사간·이조참의·도승지·부제

남양주시 와부읍 덕소리 소재, 김상헌의 묘 ©김준호

학을 거쳐, 1626년(인조 4) 성절 겸 사은진주사(聖節兼謝恩陳奏使)로 명나라에 다녀왔으며, 이후 육조의 판서 및 예문관·성균관의 제학 등을 지냈다. 1632년 왕의 생부를 원종(元宗)으로 추존하려는데 반대해 벼슬에서 물러났다. 1635년 대사헌으로 재기용되자 군비의 확보와 북방 군사 시설의 확충을 주장하였다. 이듬해 병자호란이 일어나자 인조(仁祖)는 남한산성으로 피신하였다. 김상헌도 임금을 호종하여 남한산성에 들어가 "나중에 화친을 하더라도 일단 죽도록 싸워본 뒤에 해야 한다"고 주전론(主戰論)을 펼쳤다. 그러나 김상헌은 호란의 기미를 일찍이 예견하고 있었다. 병자호란이 일어나기 8개월 전에,

화친을 믿을 수 없다는 것은 오늘날의 상황에 이르고 나서야 알 수 있는 것이 아닙니다. 병란이 일어나는 것은 비록 분명히 언제라고 알 수는 없으나 또한 위험하고 위태롭습니다. 그런데 국가가 종사의 안위를 안주(安州) 한 성의 승부에만 걸고 있으니, 어찌 한심하지 않습니까. 도적이 해서(海西)로 넘어 들어 온다면 일은 어찌할 수 없게 됩니다. 신의 생각으로는, 도원수는 자모성(慈母城)을, 부원수는 철옹성(鐵甕城)을, 본도 병사는 안주성(安州城)을 진압하게 하고, 관서(關西)를 셋으로 나누어 세 진(鎭)에 소속시킨 다음, 정예한 속읍의 군민과 용감한 무사를 선출하여 무양(撫養)하고 훈련시켜 때로 번갈아 교대해서 스스로 지키게 하면, 반드시 큰 이익이 있을 것으로 여겨집니다. 그러나 군사의 수가 적고 힘이 약하여 오랫동안 대적(大敵)을 막기는 어려울 것입니다. 그러니 유사시에는 황해도의 군사로 자모성을 구제하고 함경남도의 군사로 안주성을 구제하고 함경북도의 군사로 철옹성을 구제하게 하되, 안주성이 공격을 받을 때는 자모성과 철옹성이 함께 구제하게 하고 철옹성이 공격을 받을 때에는 안주성과 자모성이 또한 그렇게 하도록 하소서. 또 대신과 중신(重臣) 중에 충성스럽고 위망 있는 자를 가려 평양에 보내어 3진을 통어하게 하되, 먼 곳에서 꼭 일마다 제어하지 말고 전쟁에 나아가 우물쭈물 동요하여 군율을 잃는 자가 있으면 왕명을 청하여 군법을 시행하게 하소서. 또 삼남(三南)·관동(關東)·기내(畿內)의 군사를 뽑아서 무기를 정비하게 하고 급할 때 즉시 불러서 숙위(宿衛)에 보충하게 하소서. 그리고 3진에 소속된 요해처 수령을 간혹 왕장(王將)에 천거하여 보고하는 것을 허락하는 것도

좋을 것입니다.[03]

라고 하여, 병란의 조짐을 예견하고 그 대비책을 자세히 임금에게 아뢰고 있다. 그리고 병자호란 후 남한산성에서 주장한 그의 군사지략에 대해 알아보면 다음과 같다.

성을 지키는 군병(軍兵) 1만 7천여 명이 있고, 성안의 백성과 호종하는 백관과 노자(奴子)들이 각각 관아의 하인들을 담당하게 하고, 이 고을 관노도 또한 7, 8백이나 됩니다. 이 성의 형세도 대부분 험난하며, 적들의 방어도 다소 느슨해져 있으니, 지금 같은 때 인원을 파악하여 분재를 잘 해야 합니다. 각 진영의 정예병 4,5천명을 뽑고, 무신(武臣) 중에 장수로 삼을만한 자를 선발하여 각각 천명 혹은 수백 명을 배치하여 밤낮 같은 곳에서 약속하고 승기를 틈타 기이함을 내어, 밤에 오랑캐 진영을 친다면 만에 하나 이곳을 벗어날 수 있을 것입니다. 지금 죽음 속에서 살 방법을 찾을 때에 양식은 다 떨어지고 외부에서의 구원도 믿기 어려우니 어찌 망해가는 나라를 앉아서 기다리겠습니까.[04]

즉, 죽음을 각오하고 결전을 치르자는 주장이다. 그러나 이러한 김

03 『인조실록』 권32, 14년(1636) 3월 7일(임자).
04 『淸陰遺集』 권6, 「南漢紀略」.

상헌의 계략(計略)은 수용되지 않았다. 이에 반해 지천(遲川) 최명길(崔鳴吉) 등은 "싸워봤자 질게 뻔하고 그러다 보면 군사들과 백성들만 참화를 입게 될 것이니 서둘러 화친을 하자"고 주화론(主和論)을 주장하자 인조와 영의정 김류(金瑬)가 이를 수용하였던 것이다. 이에 최명길이 항복하겠다는 내용을 담은 국서(國書)를 써 가지고 어전에 들어오자 격분한 김상헌은 항복문서를 발기발기 찢어 버리고 안동으로 낙향하였다. 끝내 인조는 최명길 등 주화파의 뜻을 받아들여, 삼전도에 나아가 맨땅에 무릎을 꿇고 청(淸) 태종(太宗)에게 절할 때마다 '세 번 엎드려 절하고 아홉 번 머리를 조아리는 삼배구고두례(三拜九敲頭禮)'라는 치욕적인 항복례를 올린 뒤 세자와 봉림대군 내외, 그리고 여러 대신들을 인질로 심양에 보냈다.

이후 세사(世事)에 뜻을 잃은 김상헌은 안동 학가산(鶴駕山) 서쪽 서미동(西美洞)으로 들어갔다. 그곳의 집을 만석산방(萬石山房)이라 이름하고, 『주역』에서 이른 "군자는 홀로 서도 두려워하지 않고 세상을 피하여 고민하지 않는다.(君子獨立不懼, 遁世無悶)"는 글귀를 써붙여 자신의 뜻을 밝혔다. 이보다 앞서 1627년에도 안동에 내려가 있었는데, 이때 살던 집은 청원루(淸遠樓)와 구사당(九四堂) 등의 현판이 붙어 있었다. 청원루는 증조 김번이 서울을 떠나 만년을 보내던 집으로, 훗날 병자호란 때 이 집안사람들이 피란하였던 곳이며, 김수증·김수항 등의 손자가 어린 시절 학업을 익히던 집이다. 훗날 이 집은 김수항에게 상속되었는데, 김수항이 이를 수리하여 구사당이라 이름하고 송시열로부터 기문을 받아 걸었다. 김상헌은 안동의 풍광을 즐겼다. 가끔 선영 곁의 삼구정(三龜亭)과 그 곁의 마라담(馬螺潭)을 찾아 노닐었고 경관이 탁 트인 중대사에도 올랐다.

石室先生一角巾 석실선생은 각건 하나뿐이라
暮年猿鶴與爲群 노년에 원숭이와 학과 어울렸다네.
秋風落葉無行跡 가을바람 낙엽에 인적이 없는데
獨上中臺臥白雲 홀로 중대사에 올라 백운 속에 누웠노라.[05]

안동에서 김상헌의 마음은 이처럼 편안하였지만, 나라에서는 충절을 오히려 죄로 몰아 69세 때 삭탈관작하였다. 이듬해인 1639년 직첩이 환급되고 서용(敍用)의 명이 있었지만, 오히려 그는 북벌에 대한 의지를 불태우기 시작하였다.

나를 사랑하는 것이 깊으면서도 나를 아는 것은 얕다고 여겨지네. 나는 지난해에 지레 물러났으니, 오늘날 나아가기 어려운 것은 모두 의리가 있는 것이네. 다만 감히 다져서 말하여 비방하는 말을 불어나게 하지 못하는 것일세. 오직 후세에서 나 숙도(叔度) 같은 사람이 나와서 나에 대해 알아주기만을 기대할 뿐이네, 혹 눈을 감기 전에 오랑캐에게 복수하여 치

05 『淸陰集』 권3, 「詩」 〈書礀草堂偶吟〉.

욕을 씻는다는 의논을 들을 수 있게 된다면, 비록 구천에 있더라도 오히려 생기가 날 것이네.[06]

이는 김상헌이 북벌에 대한 의지를 나타난 것이다. 그리고 복수설치(復讐雪恥)를 다짐하면서 다음과 같은 시를 남겼다.

扈蹕前年駐漢南 지난해에 어가 따라 남한산성 머무를 땐
會稽遺恥到如今 회계 땅의 남은 수치 오늘까지 온 듯했네.
殘生不是貪生者 살아남음 본디 목숨 탐한 것이 아닌데도
尙在人間負宿心 아직 인간 세상 남아 지난날 맘 저버렸네.
國破家殘身落南 나라 집안 다 깨지고 몸은 남쪽 유랑하니
逢人羞愧說當今 사람 만나 오늘날 일 말하기가 부끄럽네.
柴門倚杖看新月 사립문에 막대 놓고 새로 뜨는 달 보거니
誰識山中此老心 산속 사는 이 늙은이 속마음을 뉘 알리오.
種蠡高名揭斗南 종려[07] 두 분 높은 이름 북두 남쪽 걸렸으나
古人何必勝於今 옛사람이 어째서 꼭 지금 사람보다 나으랴.
誰知西磵菴中客 뉘 알리오 서쪽 시내 암자 속에 머무는 객

06 『淸陰遺集』 권6, 「南漢紀略」.

07 種蠡 : 춘추 시대 때 월왕 구천의 신하인 문종(文種)과 범려(范蠡)이다. 이 두 사람은 구천을 보좌하여 오(吳)나라를 쳐서 회계(會稽)의 치욕을 씻게 했다.

獨抱當時管樂心 그 당시에 홀로 관악[08] 마음 품고 있는 줄을.

常怜庾信賦江南 유신 읊은 강남부[09]를 평소 좋아했거니와
千古哀詞動至今 천고의 애절한 말 지금에도 감동되네.
地下定逢徐散騎 지하에서 서산기(南唐의 徐鉉)를 만나보게 될 경우엔
燕歌楚老若爲心 연가에다 초 노인네 마음 갖고 있으리라.[10]

춘추시대 회계전투에서 월왕(越王) 구천(句踐)이 오왕(吳王) 부차(夫差)의 공격 받아 패전하자, 회계에 머물면서 오왕 부차를 찾아가 무릎을 꿇고 머리를 조아리며 신하가 되기를 애원하여 겨우 살아난 고사를 인용하였다. 이는 치욕을 당하면서도 끝끝내 살아남아 복수하겠다는 다짐이다. 자신이 비록 청나라에 매어 있는 몸이지만 마음속에는 북벌의 의지가 더욱 강하게 표출되었다.

---

08 管樂 : 관중(管仲)과 악의(樂毅)를 가리킨다. 춘추 시대 제(齊)나라의 賢相으로 제 환공을 도와 부국강병을 이룬 관중과 전국시대 연(燕)나라의 장수로 한(韓)·위(魏)·조(趙)·연(燕)의 연합군을 거느리고 제나라를 쳐서 70여 성을 빼앗은 악의를 이름.

09 강남부 : 北周의 시인인 庾信은 본디 南朝 梁나라의 신하였는데, 서위(西魏)로 사신 갔다가 억류되었다. 그 뒤 북주가 서위를 대신해 서자, 유신이 북주에서 벼슬하여 고관이 되었지만 마음속으로는 항상 자신의 고향이 있는 강남(江南)을 그리워하면서 지은 부.

10 『淸陰集』 권3, 「七言絶句」 〈感意 四首〉.

……　　　　　……

威弧久未弦　강한 활은 오래도록 안 당겨졌고
寶劍空在室　좋은 보검 부질없이 방 안에 있네.
羈形外銷鑠　매인 형색 겉모습은 추레해졌고
憤懷中激切　분통한 맘 가슴속에 요동치누나.

胡無百年運　되놈에겐 백 년 운도 없는 법이니
理豈後世屈　이치 어찌 후세라고 잘못되리오.
時聞達權論　가끔가다 달권론을 들을 적마다
未終心已咈　끝나기도 전에 속은 이미 들끓네.

瞻彼赴海波　저 바다에 이는 물결 바라보니
日夜長汩汩　밤낮없이 영원토록 출렁이누나.
可恨又可恨　나의 마음 한스럽고 한스럽나니
此恨終不滅　이런 한은 끝내 아니 없어지리라.[11]

더욱이 김상헌은 안동에 머물면서 1639년 청나라가 명나라를 공격하기 위해 요구한 출병에 반대하는 상소를 올렸다. 그의 「졸기(卒記)」

11 『淸陰集』 권13, 「伍言長篇」 〈敬次栗谷先生可笑吟〉.

에 보이는 상소의 내용은 대략 다음과 같다.

> 근래 거리에 떠도는 말을 듣건대, 조정에서 북사(北使)의 말을 따라 장차 군대 오천 명을 발동하여 심양(瀋陽)을 도와 명나라를 치려고 한다 합니다. 신은 그 말을 듣고 놀라움과 의혹스러움이 진정되지 않은 채, 그렇게 해서는 안 된다고 생각합니다. 대저 신하가 임금에 대해서는 따를 만한 일도 있고 따라서는 안 될 일도 있습니다. 자로(子路)와 염구(冉求)가 비록 계씨(季氏)에게 신하 노릇을 하였으나, 공자(孔子)는 오히려 그들도 따르지 않을 바가 있음을 칭찬했습니다. …… 사람들이 모두 말하기를 '저들의 형세가 바야흐로 강하니 어기면 반드시 화가 있을 것이다.'고 합니다만, 신은 명분 대의가 매우 중하니 범하면 또한 재앙이 있으리라 여깁니다. 대의를 저버리고 끝내 위망을 면치 못할 바엔 바른 것을 지켜서 하늘에 명을 기다리는 것이 낫지 않겠습니까. 그러나 명을 기다린다는 것은 앉아서 망하기를 기다리는 것을 말하는 게 아닙니다. 일이 순리를 따르면 민심이 기뻐하고 민심이 기뻐하면 근본이 단단해집니다. 이것으로 나라를 지키면 도움을 받지 못하는 경우가 없었습니다.[12]

이 상소로 인해 김상헌은 1640년 71세의 몸으로 청나라 심양(瀋陽)으로 압송되었다. 이 때 읊은 시조 한 수가 전해지고 있다.

---

12 『효종실록』 권8, 효종 3년(1652) 6월 25일(을축).

가노라 삼각산아, 다시 보자 한강수야
고국 산천을 떠나고자 하랴마는
시절이 하수상하니 올동말동 하여라.[13]

이 시조 마지막 구절에서 김상헌은 "시절이 하수상하니 올동말동 하여라."라고 하여, 언제 돌아올지도 모르는 자신의 심정을 담았다. 즉 김상헌은 반청(反淸)을 했다는 이유로 조한영, 채이항 등과 함께 심양으로 압송 도중 이미 노쇠한데다 부인 성주이씨의 부고를 전해 듣고 병이 깊어져 의주의 감옥에 1년여 구류되어 있다가 1643년 1월에 이른바 척화오신과 함께 다시 끌려와 심양의 감옥에 구금된 것이다. 그의 구금 사유는 "죄를 짓고 투옥돼 있으면서도 반성하지 않고 국사에 간여했다."는 죄목이었다. 심양의 감옥에 다시 수감된 날 청음은 바로 옆방에 석 달여 전에 끌려 온 최명길이 수감돼 있다는 걸 알게 됐다. 당시 최명길(崔鳴吉)은 조선의 처지를 명나라에 대하여 스스로 책임지고 해명하였으며, 그로 말미암아 청나라에 구금되는 사태를 빚었던 것이다. 김상헌과 최명길은 감옥에서 다음과 같은 시로써 서로 화답하였다고 한다. 먼저 김상헌이 다음과 같이 읊었다.

成敗關天運 성공과 실패는 천운에 달린 것이나

---

13 『청구영언』 소재.

須看義與歸 모름지기 의(義)가 돌아가는 곳을 볼지어다.
雖然反夙莫 비록 아침 저녁이 뒤바뀐다 하더라도
詎可倒裳衣 치마와 저고리는 둘러 입지 못할지로다.

權或賢猶誤 권도(權道)란 현자라도 잘못되기 쉬운 것이요
經應衆莫違 상도(常道)는 모든 사람이 어기지 못하는 것이라.
寄言明理士 이치에 밝은 선비에게 부쳐 말하노니
造次愼衡機 아무리 급하더라도 저울질을 삼가서 할지로다.[14]

아마도 최명길은 김상헌이 고집스럽게 명분에 집착하는 것은 결국 자신의 명예를 구하기 위해서 그럴 것이라 오해했지만, 벽을 사이에 두고 그가 읊은 시를 듣고, '그의 신념은 죽음 앞에서도 흔들리지 않을 것'이라는걸 확인하고 그의 절의는 '누구보다 더 꼿꼿하고 단단하다'는 걸 알게 되었다. 이에 최명길이 다음과 같이 화답했다.

靜處觀群動 고요한 곳에서 뭇 움직임을 보니
眞成爛漫歸 아무런 꾸밈없이 그대로 나타남이로다.
湯氷俱是水 끓는 물과 얼음은 모두 같은 물이고
裘葛莫非衣 갖옷과 갈포는 모두 옷일세.

14 『淸陰先生集』 卷12, 「雪窖後集」 〈次講經權有感韻〉.

事或隨時別　일은 때에 따라 다르더라도

心寧與道違　마음이야 도에서 어긋나겠는가.

君能惡斯理　그대 능히 이 이치를 깨닫겠거니

語默各天機　말하거나 아니하거나 각기 천기(天機)가 있는 것을.[15]

반면 김상헌도 최명길이 자신의 출세를 위해 나라를 팔아먹는 간신배나 다름없다고 여겼다. 그러나 가까이서 여러 이야기를 나누다 보니 죽을 위기에 처해도 자신의 뜻을 굽히거나 흔들리지 않을 사람이라는걸 알게 됐고, 그 나름 종사와 백성을 위해 진정으로 애를 쓰고 있다는 것을 확인했다. 병자호란에 대한 두 사람이 대처하는 방식은 달랐으나 지향하는 바는 같았음을 알 수 있다. 따라서 이제 두 사람의 심회(心懷)를 말로 토론할 필요가 없었다. 이미 하나의 물줄기가 되어 다시 만나지 않았던가? 먼저 김상헌이 시 한 구절을 읊조렸다.

從尋兩世好　조용히 두 사람의 생각을 찾아보니

頓釋百年疑　문득 백년의 의심이 풀리는구료.

병자호란 당시 김상헌이 품었던 최명길에 대한 오해가 얼어붙은 강물이 녹아내리는 듯이 풀렸다는 것이다. 이에 최명길이 다음과 같

15 『遲川先生集』 권3, 「詩○北扉酬唱錄」 〈用前韻講經權〉.

이 화답했다.

君心如石終難轉 그대 마음 돌 같아서 돌리기 어렵고
吳道如環信所隨 나의 도는 고리같아 경우에 따라 돌리기도 한다오.

주전(主戰)과 주화(主和)로 나뉘어 격론을 펼쳤던 두 거두(巨頭)가 머나먼 이국인 청나라 심양의 감옥에서 얇은 벽 하나를 사이에 두고 투옥된 것도 희한한 일이지만, 무려 나이 차가 16살이나 나는 조선의 두 대신은 벽 하나를 사이에 두고 화운(和韻)을 나누며 그간 서로간에 쌓여있던 오해들을 말끔히 털어냈다고 한다. 두 사람이 사적인 감정 때문에 대립한 것은 아니었다. 그렇다 해도 워낙 치열하게 공방을 주고받던 사이였던 터라 적진(敵陣)의 감옥에서 만났다한들 뭐 그리 반가우랴 싶었지만, 그릇이 컸던 두 사람은 금방 묵은 감정들을 훌훌 털어내 버렸다.

특히 김상헌은 심양에 있을 적에 그의 불굴의 절의정신은 청나라 사람들조차 '이 노인이 어렵네(此老難)'라는 말을 연발하게 했다는 것이다. 이에 이행진(李行進)은 김상헌의 절의의 행동을 다음과 같이 노래로 기렸다.

此老難 誰如此老難 이 늙은이 어렵네, 누가 이 늙은이 처럼 어려울까?
殷爲墟夷齊餓死首陽山 은나라엔 백이 숙제가 수양산에서 굶주려 죽은

	곳 있다지.
秦欲帝魯連誓蹈東海間	진시황제 황제될 때 노중련은 동해에서 죽고자 맹세했다지
皎皎此數子何如此老難	꿋꿋하고 꿋꿋한 이 군자들도, 이 늙은이처럼 어려울까?
孤臣萬里白首拘攣	외로운 신하 이역만리 머나먼 곳 백수로 잡혔었지
四面鐵騎如重圍	사방엔 철기군(鐵驥軍)이 겹겹이 에워싸도
不揖閉目而箕踞	예의도 없이 눈 감고 거만하게 걸터 앉았다지.
叩之不動問之不語	협박에도 동요하지 않고 물어도 대답하지 않았네.
胡人相謂曰	오랑캐들 서로 말하길
難乎難乎此老難	"어려워, 어려워, 이 노인네 어려워
此老之難難於上靑天	이 노인네 어렵기는 하늘에 오르는 것보다 어렵네."
上林白鴈不須待	상림원(上林苑)으로의 편지는 기다릴 수 없었고,
北海羝乳何足云	북해(北海)에서의 양 키운 일 어찌 족히 말하리.
聞道此語入管絃	이런 말을 전해 듣고 관현악기로 표현하여
胡琴琵琶與羌笛	오랑캐들도 비파와 피리로 연주하였다네.
君今使向燕中去	자네가 지금 연경(燕京)으로 사신을 간다 하니
側耳試聽此老曲	귀 기울여 차노곡(此老曲)을 들어 보시게.[16]

16 『硏經齋全集外集』 卷36, 「尊攘類」 〈風泉雜志〉.

이처럼 당시 철기군의 협박에도 굴하지 않는 김상헌의 절의에 감탄한 청인들이 그의 기개를 숭상해 음악으로 표현했다고 하였다. 뿐만 아니라 김상헌은 심양에서 청나라 화가 맹영광(孟永光)을 만났는데, 그는 김상헌의 절의에 매료되어 그의 영정을 직접 그려 주었으며, 또 김상헌을 위해 단심국(丹心菊)을 그려 주었다고 한다. 이를 두고 담헌(澹軒) 이하곤(李夏坤)은 맹광영에 대해 자세히 소개하면서 김상헌의 절의에 대해 언급하였다.

> 일찍이 청음선생을 위하여 연명채국도(淵明採菊圖)를 그렸는데, 국화는 모두 붉은 마음을 나타내니 대개 선생의 절의를 높게 여겨 도연명에 비유한 것이다. 또 꽃을 붉게 그려 선생의 명에 대한 적충(赤衷)을 표현하였으니, 그의 뜻이 더욱 슬프지 않겠는가? 아아, 옛날 정소남(鄭所南)은 난초만 그리고 흙은 그리지 않아 스스로를 비유하였는데, 지금 낙치생이 단심국을 그려 타인의 절의를 존경하고 있구나. 삼자의 입장에서 본다면 그 일은 비록 다르나 고국을 잊지 않겠다는 것에는 뜻에 의탁하여 더 깊으니 대개 같은 것이다. 그렇다면 저(맹광영)가 오랑캐지역에 방황하여 산 것이 또 어찌 본래의 뜻이겠는가? 비록 백년 뒤에야 그의 마음을 상상해 볼 수 있을 것이다. 그림에 대한 품질의 고하를 또 어찌 반드시 평가하겠으며, 평가할 수 있으리오?[17]

---

17 『頭陀草』 권18, 「題一源爛芳焦光帖」.

이처럼 비록 그가 심양에 볼모로 잡혀 있는 처지였지만 오히려 그의 절의에 매료된 청나라 사람들이 많았을 정도였다. 그가 심양에 잡혀 간지 6년 만에 돌아온 뒤, 1645년에 좌의정에 제수되고 기로사(耆老社)에 들어갔다. 효종이 즉위하여 북벌을 추진할 때, 그 이념적 상징으로 대로(大老)라고 존경을 받았으며, 김육(金堉)이 추진하던 대동법에 반대하고 김집(金集, 1574~1656) 등 서인계 산림(山林)의 등용을 권고하였다.

김상헌은 벼슬을 할 때 백악 아래 장동(壯洞)의 서울집에서 생활하였다. 그래서 한양에 있는 안동 김문을 장동 김문(金門)이라고 하였다. 이 집은 그의 5대조 때 구한 것으로 10칸 정도로 그리 크지 않았다. 중문 바깥에 작은 서재 너댓칸이 있었는데, 이 서재는 조부 김생해(金生海)가 거처하였다. 벽에 한석봉이 쓴 '악록유거(岳麓幽居)'라는 글씨를 걸고 최락재(最樂齋)라는 현판을 달았다. 또 중국인 장만선(張萬選)이 써준 '청음서실(淸陰書室)'이라는 편액도 걸어두었으며, "임금의 은혜는 산과 같고, 신하의 마음은 물과 같은 법. 여기에는 지겨움이 없고, 저기에는 사악함이 없다(君恩如山, 臣心如水, 在此無斁, 在彼無惡)."라는 팔분체로 쓴 글도 내걸었다. 뜰에는 오동나무 한 그루, 살구나무 여러 그루가 있었고, 섬돌 위쪽에는 모란 10여 포기가 있었다. 또 작약 몇 그루, 장미 한 떨기도 심어두었다. 그러나 그 외에는 아무런 장식을 하지 않았다. 김상헌은 고향인 안동에 약간의 전장이 있었지만 수십 석 수확할 정도밖에 되지 않아 일용하기에도 부족하여 관곡을 꾸어야 할 형편으로 그리 넉넉하지 않은 형편이었다. 아울러 경기지역에도 선대로부터 물려받은 논밭이 조금 있었는데 타인에게 점유당하였다가 김상헌의 서질(庶姪)이 나서서 땅의 일부를 찾을 수 있었다고 한다.

그가 노년을 보낸 석실에 비록 묘전(墓田)이 있었지만 제사에 필요한 물품을 대기에도 부족하였다. 그러나 김상헌은 석실의 초라한 집을 좋아하였다. 김수증은 김상헌이 벼슬살이에 즐거움이 없으면 바로 이곳으로 돌아왔다고 하였다. 김상헌은 본격적으로 시를 짓기 시작한 30대에 이미 해마다 한 달은 석실에서 보냈다. 그 때 지은 시를 보면,

只是去京三十里　서울에서 겨우 30리 떨어진 곳,

翛然還似出家僧　시원스레 도리어 출가한 스님 같다네

라고, 한 대로 마음의 평화를 얻을 수 있었기 때문이다.

김상헌이 석실을 본격적으로 경영하기 시작한 것은 1632년 무렵이다. 송시열의 「부지촌기(不知村記)」에 따르면 '원래 석실은 적실(賊室)이라고 하였다'고 한다. 우리말로 하면 '도둑골'이다. 김상헌은 도둑골이라는 명칭이 싫어 '석실'로 바꾸었다. 당연히 석실이라는 이름은 김상헌으로부터 비롯되었다.

김상헌은 먼저 선영 아래 조상의 사당을 세우고 이후 몇 년에 걸쳐 남쪽 언덕 100여 보 떨어진 곳에 집을 지었다. 남향의 이 집은 누(樓)

2칸, 방 2칸 마루 1칸으로 구성되어 있었다. 김상헌은 늘 이곳에 거처하면서 여름이면 마루에 나가 앉아 있곤 하였다. 그 서쪽은 가파른 언덕인데 숲이 무성하였다. 그 앞에는 압각수(鴨脚樹)가 있어 뜰에 그늘을 드리웠다. 안채는 초가 3칸이었는데 솔가지로 울타리를 두르고 사립문을 달았다. 이곳에는 첩이 기거하였다. 바깥채 역시 초가였는데, 김상헌의 아들과 손자가 살았다. 이 집은 병자호란을 겪으면서도 온전히 남아 노년의 김상헌에게 정신적인 안식처가 될 수 있었다.

김상헌은 "작은 집이 바위벼랑 곁에 있는데, 해는 길고 만사는 고요하다(小屋石涯邊, 日長人事靜)"라고 한 것처럼 조용하게 살았다. 이후에도 도성에 들어가 벼슬을 할 때도 있었지만 몇 달을 넘기지 않고 바로 이 집으로 들아오곤 하였다. 그가 남긴 대부분의 저술이 이곳에서 이루어진 것이기도 하다. 심양(瀋陽)에서 돌아온 만년에도 정력이 약해지지 않아 손에서 책을 놓지 않았다. 심양에서 지은 시를 모아 『설교집(雪窖集)』이라 하고, 왕세정의 글을 뽑아 4책으로 만들어 『길광영우(吉光零羽)』라 하였다, 또 고문 1책을 엮어 『호천백(狐千白)』이라 하였는데, 김수증 형제가 필사하였다.

김상헌이 글을 읽고 시를 짓던 석실로 많은 벗과 제자들이 찾아들었다. 이항복(李恒福), 임뢰(任賚), 조희일(趙希逸), 이경여(李敬輿), 최명길(崔明吉), 김육(金堉), 이경석(李景奭), 이식(李植), 이일상(李一相), 조석윤(趙錫胤), 신익전(申翊全), 유계(兪棨), 김익희(金益熙), 윤순거(尹舜擧), 윤선거(尹宣擧), 이행진(李行進), 정두경(鄭斗卿), 조문수(曺文秀), 송시열(宋

時烈), 박세채(朴世采) 등 면면이 17세기를 대표하는 문인 학자들이다. 다음은 조희일이 보낸 시에 답하여 석실(石室)에서의 삶을 노래한 작품이다.

花柳村村好 꽃버들 마을마다 고우니
春歸亦似春 봄이 가도 또 봄 같아라.
乾坤絶私意 건곤은 사심을 끊었으니
風月屬閒月 풍월은 한가한 사람의 것.

醉墨聊成草 취하여 붓 잡고 글을 날리고
狂歌自任眞 미친 듯 노래하며 천진하게 사노라.
須知得歡趣 즐거운 맛 얻는 법을 아노니
一一總怡神 하나하나 마음을 기쁘게 하네.

진(晉)나라 왕질(王質)이라는 나무꾼이 신안(信安)의 석실산에서 신선들이 바둑 두는 것을 보다가 도끼자루 썩는 줄 몰랐다는 고사가 있으니, 석실은 신선의 땅이다. 그래서 석실은 사계절 봄이다. 김상헌은 그곳에서 이렇게 풍월을 즐겼다.

김상헌은 1652년(효종 3) 6월 25일 양주(楊州)의 석실(石室) 별서에서 생을 마감했으니, 향년 83세였다. 「졸기」에 의하면,

사람됨이 바르고 강직했으며 남달리 주관이 뚜렷했다. 집안에서는 효도와 우애가 독실하였고, 안색을 바르게 해서 조정에 선 것이 거의 오십 년이 되었는데 일이 있으면 반드시 말을 다하여 조금도 굽히지 않았으며 말이 쓰이지 않으면 번번이 사직하고 물러갔다. 악인을 보면 장차 자기 몸을 더럽힐까 여기듯이 하였다. 사람들이 모두 공경하였고 어렵게 여겼다. …… 병자년 난리에 남한산성에 호종해 들어가, 죽음으로 지켜야 된다는 계책을 힘써 진계하였는데, 여러 신료들이, 세자를 보내 청나라와 화해를 이루기를 청하니, 상헌이 통렬히 배척하였다. 출성(出城)의 의논이 결정되자, 최명길(崔鳴吉)이 항복하는 글을 지었는데, 김상헌이 울며 찢어버리고, 들어가 상을 보고 아뢰기를, '군신(君臣)은 마땅히 맹세하고 죽음으로 성을 지켜야 합니다. 만에 하나 이루지 못하더라도 돌아가 선왕을 뵙기에 부끄러움이 없을 것입니다.' 하고는 물러나 엿새 동안 음식을 먹지 아니했다. 또 스스로 목을 매었는데 옆에 있던 사람이 구하여 죽지 않았다. 상이 산성을 내려간 뒤 상헌은 바로 안동의 학가산(鶴駕山) 아래로 돌아가 깊은 골짜기에 몇 칸 초옥을 지어놓고 숨어 목석헌(木石軒)이라 편액을 달아놓고 지냈다.[18]

고 하였다. 이를 두고 뒤에 사신(史臣)은 "옛 사람이 '문천상(文天祥)이 송(宋)나라 삼백 년의 정기(正氣)를 거두었다'고 했는데, 세상의 논자들

18 『효종실록』 권8, 효종 3년(1652) 6월 25일(을축).

은 '문천상 뒤에 동방에 오직 김상헌 한 사람이 있을 뿐이다.'"라고 평가하였다.

서거 1년 뒤인 1653년 영의정에 추증되었으며, 1661년(현종 2) 효종의 묘정(廟廷)에 배향되었다. 양주 석실서원, 정주 봉명서원(鳳鳴書院), 개성 숭양서원(崧陽書院), 제주 귤림서원(橘林書院), 정평 망덕서원(望德書院), 함흥 창덕서원(彰德書院), 경성 경산서원(鏡山書院), 의주 기충사(紀忠祠), 광주 현절사(顯節祠), 상주 서산서원(西山書院), 종성 화곡서원(華谷書院), 안동 서간사(西磵祠), 예안 운계사(雲溪祠), 정평 모현사(慕賢祠)에 제향되었다. 시문과 『조천록(朝天錄)』·『남사록(南槎錄)』·『청평록(淸平錄)』·『설교집(雪窖集)』·『남한기략(南漢紀略)』 등으로 구성된 『청음전집』 40권이 전한다.

3. 김수항(金壽恒, 1629~1689)

家傳正學 가문엔 바른 학통 이어받았고
國倚良弼 나라는 어진 보필 의지했나니
德望名義 덕망과 명성 도의 좋은 덕목을
三朝一節 세 조정 한 절개로 지키었다네.
瑞鳳祥麟 상서로운 봉황과 기린으로서
爭覩爲快 너나없이 즐겁게 바라봤으니

김수항

身之詘伸 경 한 몸의 진퇴와 영욕에 따라
世以否泰 세상 운수 성쇠가 달라졌다네.

조선 후기의 문신으로, 본관은 안동, 자는 구지(久之), 호는 문곡(文谷)이다. 김극효의 증손으로, 할아버지는 김상관(金尙寬)이고, 아버지는 동지중추부사(同知中樞府事) 김광찬(金光燦)이며, 어머니는 목사 김래(金琜)의 딸이다. 원래 그는 김광찬의 아들이요 김상관의 친손자이지만, 아버지 김광찬이 청음(淸陰) 김상헌(金尙憲)의 양자로 입적한 뒤 '김상헌의 손자'로 널리 알려지게 되었다.

1645년(인조 23) 반시(泮試)에 수석하고, 1646년 전사시와 1651년(효종 2) 알성문과에 장원으로 급제, 전적(典籍)이 되었다. 이어 병조좌랑·사서(司書)·경기도사·지평(持平)·정언(正言)을 거쳐, 1653년 동지사의 서장관으로 청나라에 다녀왔다. 이 해 정시 문과에 5등으로 급제해 효종으로부터 말을 하사 받았으며, 이듬해 부수찬(副修撰)·교리(校理)를 거쳐 이조정랑이 되어 중학(中學)·한학교수(漢學教授)를 겸하였다. 1655년 호당(湖堂)에 사가독서하고 수찬이 되었다가, 응교(應教)·사간·보덕(輔德)을 지냈으며, 중시에서 을과로 급제, 형조참의·승지·부제학을 지냈다. 1656년에 올린 상소에서 김수항은 "사기(士氣)는 나라의 원기(元氣)이니, 북돋아주어야지 저해해서는 안되며 세워주어야지 꺾어서는 안된다."고 하고, 또 "형벌이란 정치를 보조하는 도구이고 본래 상용(常用)하는 도가 아니기 때문에 성제(聖帝)와 명왕(明王)은 일찍이 형벌을 신중히 하고 가엾이 여기지 않음이 없었다."고 하였다. 그러면서 "미치광이 같았던 진(秦)나라가 혹독한 형벌을 자행한 잘못은 실로 논할 것도 못 되고, 한 선제(漢宣帝)와 같은 경우에도 형벌을 가혹하게 하고 죽이기를 좋아하여 한나라가 마침내 이 때문에 쇠퇴하였으니, 엄한 형벌이 나라에 무익한 것을 여기에서 볼 수 있다."고 하여 형벌을 신중히 할 것을 역설하였다. 특히 임금이 법과 형벌을 준엄하게 하는 것은 기강을 바로잡으려는데 뜻이 있을 것인데, 기강이라는 것은 "오직 공이 있는 자에게는 반드시 상을 주고 죄가 있는 자에게는 반드시 벌을 주어 공정한 도를 밝히는데에 달려 있다"

고 하였다. 즉, 옥사(獄事)를 공평하게 하고 형벌을 삼가하여 왕도정치를 본받고, 법을 사용함에 반드시 공정하게 하여 기강을 세움으로써 형벌을 쓰는 일이 없는 형정(刑政)에 있다고 하였다. 이러한 김수항의 상소에 대해 "상의 잘못을 말한 것이 많고 나머지는 모두 당시의 병폐를 잘 지적하였으나, 상이 따른 바는 다만 죄수를 의결하는 것뿐이었다. 그러나 너그러이 받아들이는 뜻을 보여주고 꾸짖지 않으니, 사람들이 '근래에 드문 일이다'고 하였다."고 한다.[19]

1659년(현종 원년) 효종릉비의 전서(篆書)를 쓴 공로로 가선대부(嘉善大夫)에 오르고, 도승지·예조참판·이조참판을 지냈으며, 1662년 왕의 특명으로 예조판서에 발탁되었다. 그 뒤 육조의 판서를 두루 거쳤고, 특히 이조판서로 있으면서 명사들을 조정에 선임하는데 힘썼다. 1664년 6월에 "중신을 관북(關北)에 보내어 과거를 설행하여 인재를 선별해야 한다."는 조정의 의논에 따라 의정부 우참찬으로서 명을 받아 그 일을 맡았으며, 바로 이조판서로 승진하였다. 특히 그는 그곳에 머무는 4개월 동안 관북 군민(軍民)이 겪는 고통스러운 폐단을 묻고 돌아와 모두 조목조목 아뢰었는데, 임금이 특지(特旨)를 내려 그에 대한 대책을 대부분 시행하였다고 한다. 김수항이 말하기를,

북로는 왕업을 일으킨 중요한 지역인데도 무비(武備)와 국경 수비가 하나

19 『효종실록』 권16, 효종 7년(1656) 2월 27일(병자).

도 믿을 만한 것이 없으니, 만약 급박한 비상사태가 생긴다면 철령(鐵嶺) 이북은 우리나라 땅이 아닐 것이다. 무엇보다 큰 폐단은 육진(六鎭)이 매우 멀리 있어 백성의 실정이 알려지지 않는 가운데 교활한 관리와 탐욕스러운 장수가 거리낌 없이 수탈하는 것이다. 크게 변통하지 않으면 안 된다.[20]

하고는 마침내 상소하여 역대 임금들이 북로에 적절히 지방관을 배치하여 백성들을 위무하던 방책을 낱낱이 말씀드리고, 또 상소하기를, "역대의 제왕들은 모두 국가의 기업을 처음 일으킨 곳을 중시하였으니, 한(漢)나라의 풍패(豐沛)와 당(唐)나라의 진양(晉陽)이 그것입니다. 더구나 우리나라에 있어 북방은 애써 경영하여 영토를 넓힌 곳이므로 그 중요도가 풍패나 진양에 비할 정도가 아닙니다. 그러므로 한 줌의 흙, 한 사람의 백성도 버릴 수 없는 아까운 것입니다. 역대 임금이 애써 얻었는데 결국 자손이 소홀히 관리하여 잃어버린다면 옛 임금의 뜻을 이어받았다고 할 수 있겠습니까."[21]하여, 북방의 중요성을 역설하였다. 1665년 3월에 올린 차자(箚子)에 의하면 김수항은 "마음을 바르게 하려면 학문을 익혀 이치를 밝히는 것이 중요한데, 전하께서는 즉위하신 뒤로 강석(講席)을 여신 일이 무척 드뭅니다. …… 역사서

20 『농암집』 속집 상권, 「행장」 〈선부군행장〉 참조.

21 『농암집』 속집 상권, 「행장」 〈선부군행장〉 참조.

를 보면 전대(前代)의 제왕은 모두 근심과 근면함으로 나라를 얻었는데 후사(後嗣)에 와서 모두 태만과 소홀함으로 나라를 잃었습니다. 신은 이를 보고는 책을 덮고 탄식하지 않은 적이 없습니다."라고 학문의 중요성을 역설하고, 또 "학문의 목표는 말단적인 훈고(訓詁)에 있지 않으니, 선유(先儒)들은 책은 책대로 사람은 사람대로 따로 놀아서 책을 읽은 뒤에도 아무런 변화가 없는 것을 경계하였습니다. 특히 제왕의 학문은 필부의 학문과 같지 않아서 한갓 문자를 강독하는데에 그치지 않고 반드시 의리를 실천하는 것을 주된 목적으로 삼습니다. 그리하여 모든 행동거지와 언행에 늘 체험하기를 잊지 않는데, 이렇게 하면 한 장(章)을 읽으면 한 장의 유익함을 얻고 두 장을 읽으면 두 장의 유익함을 얻어서 바야흐로 강학의 실효를 볼 수 있습니다."[22]라고 하여, 한갓 문장을 강독하는데 그쳐서는 안되고 강학의 실효를 거두어야 한다고 하였다.

1672년 44세의 나이로 우의정에 발탁되고, 좌의정에 승진해 세자부(世子傅)를 겸하였다. 그러나 서인 송시열(宋時烈) 등이 왕의 경원을 받고 물러남을 보고 남인 재상 허적(許積)을 탄핵한 대간을 힘써 변호하다가 도리어 판중추부사로 물러났으며, 사은사로서 청나라에 다녀왔다.

1674년 갑인예송(甲寅禮訟)에서 서인이 패해 영의정이던 형 김수흥

22 『농암집』 속집 상권, 「행장」 〈선부군행장〉 참조.

(金壽興)이 쫓겨나자, 대신 좌의정으로 다시 임명되었다. 숙종 즉위 후 허적(許積)과 윤휴(尹鑴)를 배척하고, 추문을 들어 종실 복창군(福昌君) 정(楨) · 복선군(福善君) 남(柟) 형제의 처벌을 주장하다가 집권파인 남인의 미움을 받아 영암에 유배되고 1678년(숙종 4) 철원으로 이배되었다.

1680년 이른바 경신대출척(庚申大黜陟)이 일어나 남인들이 실각하자 그의 나이 오십대에 영중추부사(領中樞府事)로 복귀, 영의정이 되어 남인의 죄를 다스리는 한편, 송시열 · 박세채(朴世采) 등을 불러들였다. 그는 임금에게 "옛날 주자(朱子)가 조여우(趙汝愚)에게 보낸 편지에 말하기를, '오늘날 제일가는 급선무는 임금에게 몸과 마음을 수습하고 정신을 보호하여 아끼도록 권면하는 것이다.' 하였는데, 옛사람이 임금을 권면하고 경계시킬 적에 반드시 이를 우선으로 한 것은 깊고 절절한 뜻에서 그런 것입니다. 『근사록(近思錄)』에 이르기를, '배우는 사람은 늘 정력(精力)을 아껴 길러야 하니, 정력이 조금이라도 부족하면 피로해져서 임하는 일마다 모두 마지못해 할 뿐 성의가 없게 된다.' 하였습니다. 작은 일도 그러한데 하물며 하루에 만 가지 정무를 처리하는 임금이 만약 정력을 기르고 보호하여 정신을 수습하지 않는다면 어떻게 일에 응하여 피로하지 않을 수 있겠습니까. 맹자(孟子)가 말하기를, '마음을 기르는데는 욕심을 줄이는 것보다 더 좋은 방법이 없다.' 하였으니, 바라건대 밝으신 성상께서는 이 점에 더욱 유의하소서. 그리하여 시종 성상의 몸을 보양하신다면 학문을 향상시키는데에도

남양주시 이패동 소재, 김수항의 묘 ©윤종일

필시 유익할 것입니다."[23]라고 하여, 어떤 큰일을 당했을 때 몸과 마음을 수습하는 것이 가장 중요하며, 마음을 기르는데는 욕심을 줄이는 것보다 더 좋은 방법이 없다고 하였다. 이후 8년 동안 영의정으로 있다가 1687년 영돈녕부사(領敦寧府事)로 체임되었다. 1689년 태조 어용(太祖御容 : 태조의 영정)을 전주에 모셔놓고 돌아오는 길에 기사환국이 일어나 남인이 재집권하자, 남인의 명사를 함부로 죽였다고 장령(掌

23 『농암집』 속집 상권, 「행장」 〈선부군행장〉 참조.

令) 김방걸(金邦杰) 등이 탄핵해 진도로 유배, 위리안치(圍籬安置) 되었다가, 뒤이어 예조판서 민암(閔黯)을 비롯한 6판서·참판·참의 등 남인 경재(卿宰) 수십 인의 집중포화와 사헌부·사간원의 합계(合啓 : 함께 계문을 올림)로 사사(賜死)되었다.

그가 죽기 전에 아들들에게 유서를 내렸는데 그 내용은, "나는 직위와 권세를 탐하여 죽게 되었으니, 너희들은 몸을 보전하여 벼슬을 하지 말고 집안을 보전해다오."라고 하였다. 그가 사사당하자 당시 남도 전역이 슬픔에 빠졌다고 하였다. 그가 사사된 이유는 경신(庚申) 이후의 남인 옥사를 다스릴 때 위관으로 있었고, 특히 소론의 반대에도 불구하고 남인 재상 오시수(吳始壽)를 처형했기 때문에 입게 된 보복이었다.

김창협이 지은 행장(行狀)에 의하면 젊었을 때 김수항은 큰 키에 마른 체격이었다고 하며, 이 때문에 부인인 안정나씨가 노심초사하기도 하였다 합니다. 하지만 몸가짐과 태도가 엄숙, 단정하여 실록에 나온 그의 졸기에는 "외모가 빼어났고 걸음걸이가 안중하여 조회때마다 기상이 엄연하였으므로 온 조정의 눈길이 그리로 모였다."라 기록되어 있다. 그리고 송시열의 지문(誌文)에 따르면, 노선생(김상헌)에게 가르침을 받았으며, 나중에 송시열의 제자로서, 또 정치적 동지로서 일생을 그와 함께 같은 노선을 따랐다. 따라서 노론이 편찬한 『숙종실록』은 그에 대해, "뜻이 바르고 나라를 위하여 몸 바치는 정충(貞忠)이 있다.", "푸른 하늘 아래 구름 한 점 숨기는 것도 없다." "세가지의 대절(大絶)을 수립하였다." 등 찬사 일색이었으며, 또한 "송시열은 김수항을 가장 중히 여겼으며, 그리하여 죽기 전에 표창한 바가 이와 같았다."고까지 서술하고 있다. 하지만 소론이 편찬한 『숙종실록보궐정오』에서 김수항을 "국량(局量)이 작았기 때문에 괴팍한 데 가까웠고, 스스로 견확(堅確)함을 허여(許與)했지만 사심(私心)이 성했기 때문에 전횡(專橫)에 가까웠다. 스스로 세도(世道)를 담당한다고 했지만 도리어 훈척(勳戚)들에게 부림을 당했고, 스스로 사문(斯文)을 호위한다고 일컬었지만 부억(扶抑)에 중도(中道)를 잃음을 면치 못하는 등 실제로 사무(事務)에 통달하는 능력이 모자랐다. 그리하여 재처(裁處)하는 모든 것이 매양 피상적이었으므로 8년 동안 국정(國政)을 담당하고 있었으면서 일컬을 만한 선정(善政)이 없었다. …… 그리고 처음부터 송시열(宋時烈)에게 마음을 바쳐 그의 말이면 어기는 것이 없었으며, 오로지 이것으로 가계(家計)를 삼아 거의 옳다는 것은 있어도 그르다는 것은 없었다. 갑자년(1684) 경연(經筵)에서 사적인 일을 아뢰어 조정(朝廷)에까지 올린 다음 자신의 사견(私見)만을 주장하고 공의(公議)를 거스림으로써 드디어 선비들의 추향(趨向)을 분열시키고 조정을 불리하게 하여 15년간의 흑백(黑白)의 논전(論戰)의 꼬투리를 열어놓았으니, 화수(禍首)를 소급하여 논한다면 절로 귀착(歸着)되는데가 있는 것이다."[24]고 매우 비판적인 안목으로 기록하였다.

---

24 『숙종실록보궐정오』 권20, 숙종 15년(1689) 윤3월 28일(을축).

이러한 비판에도 불구하고 이후 노론 전제가 이루어지면서 김수항에 대한 후세의 평가는 그가 조정에서 벼슬할 때 세 가지의 큰 절의를 세웠다고 찬양하는 쪽으로 기울었다. 첫째는 남인의 역모를 꺾어 기강을 유지했다는 것이고, 둘째는 소론이 이론(異論: 남인에 대한 온건한 처벌 주장을 말함)을 일삼아 흉당(凶黨: 남인)을 기쁘게 할 때에도 홀로 옳은 것을 지켰을 뿐 아니라 화를 당하면서도 후회하지 않았다는 것이며, 셋째는 스승인 송시열을 배신한 윤증(尹拯)의 죄를 통렬히 배척해 선비의 갈길을 밝혀 사문(斯文)에 도움을 주었다는 것이다.

무엇보다 김수항의 아들로 당시 문장의 대가로 육창(六昌)이라 일컬어지는 창집(昌集), 창협(昌協), 창흡(昌翕), 창업(昌業), 창즙(昌緝), 창립(昌立)이 있었는데, 모두 비범(非凡)함으로 이름을 날렸다. 특히 김창협은 율곡 이이, 우암 송시열과 비견될 만한 학문적 업적으로 유명하였으며, 셋째인 김창흡은 문학으로 유명하였고, 넷째인 창업은 화재(畵才)로 명성이 높았다. 다섯째, 창즙 역시 학문으로 이름을 떨쳤으며, 여섯째 창립은 일찍 죽었지만 나름 문명(文名)이 있었다고 한다. 이러한 육창의 문명은 아버지의 재주를 이어받은 것으로, 그 자신이 시문에 뛰어났을 뿐만 아니라 변려문(騈儷文)에서는 당대의 제일인자로 손꼽혔다. 뿐만 아니라 가풍을 이은 필법은 단아했으며, 전서와 해서, 초서에도 모두 능했다고 한다.

1694년에 신원, 복관되고, 1886년(고종 23)에는 현종 묘정에 배향되었다. 진도의 봉암사(鳳巖祠), 영암의 녹동서원(鹿洞書院), 영평의 옥병

서원(玉屛書院) 등에 제향되었으며, 양주의 석실서원(石室書院), 전주의 호산사(湖山祠)에 추가 제향되었다. 저서로는 『문곡집』 28권이 전하고 있다. 시호는 문충(文忠)이다.

4. 민정중(閔鼎重, 1628~1692)

天挺偉器 큰 그릇 기본 자질 받고 태어나
英特莊粹 영특하고 엄하고 순수했는데
脊硬擔負 잔등에 무거운 짐 짊어지고서
躬蹈繩矩 몸으로 법도 준칙 실천하였네
安定學規 안정 선생 호원(胡瑗)의 학칙에다가
文翁儒化 문공(文公)이라 주자의 교훈 익히고
爰登黃閣 마침내 의정부의 재상이 되자
正恃邪怕 군자는 믿고 소인은 두려워했네[25]

조선 후기의 문신으로, 본관은 여흥(驪興). 자는 대수(大受), 호는 노봉(老峯), 민여준(閔汝俊)의 증손으로, 할아버지는 경주부윤 민기(閔機)이고, 아버지는 강원도관찰사 민광훈(閔光勳)이며, 어머니는 판서 이광

25 『농암집』 별집 권2, 「부록」1, 〈석실서원사제문〉.

정(李光庭)의 딸이다.

송시열(宋時烈)의 문인으로 1649년(인조 27)에 정시 문과에 장원해 성균관 전적으로 벼슬에 나가, 예조좌랑·세자시강원사서(世子侍講院司書)가 되었다. 직언(直言)으로 뛰어나 사간원 정언·사간에 제수되고, 홍문관수찬·교리·응교, 사헌부집의 등을 지냈다. 외직으로 동래부사를 지냈으며, 전라도·충청도·경상도에 암행어사로 나가기도 하였다.

1651년(효종 2) 부사과(副司果)로 재임 중 〈왕도·외직 임용·언로의 확대·기강 확립〉에 대해 8개조의 조목으로 아뢰었다. 그 내용을 살펴보면, "첫째는 외임(外任)을 가리는 것으로 백성을 사랑하는 근본으로 삼아야 한다는 것이다. 왕도정치에서 큰 것은 백성을 사랑하는 것이 우선인데, 백성을 사랑하는 도는 먼저 수령과 감사를 가리는 일보다 중요한 것이 없다는 것이다. 둘째는 인재를 헤아리는 것으로 책임을 맡기는 방도를 삼아야 한다는 것이다. 사람은 재주가 있고 없고를 막론하고 제각기 장점이 있기 때문에 인재를 쓸 때 장점은 취하고 단점은 버리면 된다고 하였다. 셋째는 신하들을 접견하여 아랫사람의 뜻을 소통시켜야 한다는 것이다. 시사(時事)를 말하고 싶어 하는 자가 있으면 누구나 아뢸 수 있도록 허락해서 사방 멀리 있는 사람들까지도 다 자신의 본심을 숨기는 일이 없게 하면 나라를 다스리는 일에 있어서 이미 절반은 이루어진 것이나 다름없다는 것이다. 넷째는 인륜을 밝혀 교화를 열어야 한다는 것이다. 교화가 행해지지 않고 인륜이 밝혀지지 않아서 반역이 자주 일어나 난신(亂臣)이 꼬리를 물고 강상이 두절되어 적자(賊子)가 나오게 되었다는 것이다. 다섯째는 명분을 엄하게 해서 예모(禮貌)를 높여야 한다는 것이다. 나라의 기강이 서지 않고 조정의 위신이 높지 않아 군상(君上)의 명이 조정에 행해지지 않는 것은 모두 명분이 엄하지 않기 때문이라고 하였다. 여섯째는 기강을 일으켜 염치를 권장해야 한다고 하였다. 일곱째는 억울함을 풀어주어야 한다는 것이다. 인정(仁政)을 베풂에 있어서 억울함을 풀어주는 것을 우선으로 삼아야 한다는 것이다. 여덟째는 전례(典禮)를 중시해야 한다는 것이다. 종묘 세실(世室)에 관한 의절은 신과 사람의 거룩한 예이자 국가의 큰 전례로서 조종(祖宗)을 존숭하고 그 은택이 만대에까지 미쳐가는 것임으로 예(禮) 3천 가지 중에 이보다 중대한 것이 없다."[26]고 하였다.

이어 부교리(副校理) 재임 중이던 1653년(효종 4) 1월 5일에는 〈인사채용, 변방 강화〉 등에 관련하여 상소를 올렸는데 그 대강은 "첫째, 임금의 한 마음은 온갖 변화의 근본이 되는 것이므로 이 마음이 공평한 연후에야 백성을 다스릴 수가 있는 것이고 이 마음이 올바르게 된 연후에야 일을 살필 수가 있다고 하여, 공평함과 올바른 마음을 들었다. 둘째, 임금의 말 한 마디는 국가의 흥망에 관계되는 것으로서 교령(教令)을 발표할 때는 경솔하게 마음대로 해서는 안된다는 것이다. 셋째, 희노(喜怒)에 대한 절제는 철왕(哲王)도 삼가한 것으로 한때의 사심에

26 『효종실록』 권6, 효종 2년(1651) 6월 6일(신해).

여주시 여주읍 하거리 소재, 민정중의 묘 ©민경조

가리운 것이 있게 되면 그 피해가 반드시 사람에게 형벌을 가하고 사람을 죽이는데에 이르게 되므로 미리 그러리라고 억측하는데 대해 경계해야 한다는 것이다. 넷째, 임금은 스스로 훌륭하다 여기지 말고 언로(言路)를 넓혀 널리 물어야 한다는 것이다. 다섯째, 사람을 진퇴시키는 것은 세상의 안위에 관계가 되는 것이므로 충신(忠臣)은 일찍 나오게 하고 간신(奸臣)은 일찍 물러가게 해야 한다고 하였다. 여섯째, 아랫사람을 통솔하는데 위령(威令)으로 하지 말고 예양(禮讓)으로 해야 한다는 것이다. 일곱째, 사람을 기용하는 방법은 성신(誠信)에 있지 허례에 있지 않다고 하였다. 임금이 자신의 뜻에 맞는다고 기용하고 한가지 일이 뜻에 거슬린다고 내친다면 정직한 신하가 자신의 절조를 완전히 할 수가 없게 되고 어진 선비가 뜻을 행할 것을 보장받을 수 없게 되기 때문에 이를 유념해야 한다. 그리고 이를 실천하기 위해서는 임금께서 날마다 경적(經籍)을 가까이 하여 성현의 훈계에 침잠하고, 널리 유사(儒士)를 구하여 고금의 의리에 대해 강론하게 하며, 오직 궁리(窮理)·격물(格物)·수신(修身)·치국(治國)에 관한 이야기와 너그럽고 온화하고 공평하게 하는 도리만을 날마다 앞에서 진달하게 한다면 성학(聖學)이 날로 광명한 지경으로 나갈 뿐만이 아니라 성상(聖上)을 보호하는 방도에 있어서도 반드시 유익함이 있게 될 것"이라고 하고, 이어 당시 시급한 것으로 "첫째는 사람을 기용하는 것에 대한 것, 둘째는 백성을 편안하게 하는 것에 대한 것, 셋째는 변방을 공고히 하는 것에 대한 것"[27]이라고 하였다.

아울러 1656년(효종 7) 1월에 〈인재를 등용하고 간쟁을 받아들여 재변을 극복하도록 청하는 상소〉에서 "본래 식견이 없어 오늘날의 조처하는 일에 대하여 일찍이 생각지 않았는데 갑자기 성상의 물으심을 받으니, 참으로 우러러 대답하기 어렵습니다. 그러나 성상께서 먼저 자신을 다스리는 공부를 더하고 다음으로 어진이 구하는 것을 힘쓴다면 이 밖의 시행할 만한 일은 다만 조처를 어떻게 하시느냐에 달려 있습니다. 또 지금의 급무로는 백성을 편안히 하는 것이 가장 시급합니다. 주자(朱子)가 안민(安民)을 논함에 오로지 감사와 수령으로 근본을

27 『효종실록』 권10, 효종 4년(1653) 1월 5일(임신).

삼았는데, 오늘날에는 구차하게 충원하여 보낸 자가 많습니다. 이 또한 인재를 얻어 임용하는데 달려 있을 뿐이니 유념하지 않을 수 있겠습니까."[28]라고 하여, 인재 등용에 앞서 임금의 수양을 먼저 들었으며, 가장 시급한 일은 백성들을 안정시키는 것이며, 백성들을 안정시키기 위해서는 감사와 수령으로 근본을 삼아야 한다고 하였다.

1659년 현종이 즉위하자 소(疏)를 올려 인조 때 역적으로 논죄되어 죽음을 당한 강빈(姜賓)의 억울함을 호소하였다. 그리하여 왕도 그의 충성을 알아주기 시작하였다. 이어 병조참의에 제수되었으나 아버지가 돌아가시자 관직에서 물러났다가 상복을 벗은 뒤 사간원 대사간으로 나아갔다. 그 뒤 승정원동부승지(承政院同副承旨)·성균관대사성·이조참의·이조참판·함경도관찰사·홍문관부제학·사헌부대사헌에 올랐다.

1663년에 일만(一萬) 언에 달하는 대소(大疏)를 올려 이이(李珥)와 성혼(成渾)을 위해 변무(辨誣)하고, 호오(好惡)를 분명히 보여 사설(邪說)이 행해지지 못하게 하고, 선비의 나아갈 길에 옳은 방향을 제시해 줌으로써 사문(斯文)이 다행하게 되고 국맥(國脈)이 장구해지도록 하기를 청하였으나 상이 받아들이지 않았다.[29]

1670년(현종 11) 이조·호조·공조의 판서, 한성부윤·의정부참찬 등

28 『효종실록』 권16, 효종 7년(1656) 1월 26일(을사).

29 『현종실록』 권7, 현종 4년(1663) 7월 13일(무인).

을 역임하였다. 삼사에 재직할 때는 청의(淸議)를 힘썼고, 대사성에 있을 때는 성균관의 증수(增修)와 강과(講課)에 마음을 다해 선비 양성의 효과가 매우 많았다. 또한, 함경도관찰사로 나갔을 때는 그곳의 유풍(儒風)을 크게 일으켰다.

1675년(숙종 1) 다시 이조판서가 되었으나 허적(許積) · 윤휴(尹鑴) 등 남인이 집권하자 서인으로 배척을 받아 관작이 삭탈되고, 1679년 장흥(長興)으로 귀양갔다. 이듬해 경신환국으로 송시열 등과 함께 귀양에서 풀려 우의정이 되고, 다시 좌의정에 올라 4년을 지냈다. 이 때 호포(戶布) 등 여러 가지 일을 실행하려 했으나 영의정 김수항(金壽恒)의 반대에 부딪혔다. 1680년(숙종 6) 12월에 〈수령 선발의 중대함에 관해 아뢴 차자〉에서

> 백성을 가까이하는 관직으로는 수령(守令) 이상 가는 자가 없으니 백성을 안보(安保)하려면 오직 먼저 수령을 잘 선택해야 하는 것입니다. 전조(銓曹)에서 차견(差遣)할 적에도 이미 그 적임자를 얻기가 어려웠는데, 성적을 평가하는 방법에 있어서도 반드시 그의 정치 능력을 관찰한 다음에 그 가능성을 분변해야 할 것입니다. 경화(更化)한 이후부터 중외(中外)에 새로 선포한 명령이 한둘이 아니었으니, 방백(方伯)과 수령이 일을 성실하게 봉행(奉行)하는지에 대해서도 살피지 않을 수 없습니다. 더구나 지금은 한 해가 저물어가고 화창한 봄이 돌아오고 있으니 바로 백성의 고생스러움을 물어야 할 때입니다. 신의 어리석은 생각으로는 시종(侍從)하

는 신하 중 강직하고 백성의 일을 환하게 아는 자를 별도로 차견하여 불시에 여러 도에 나누어 보내서, 관리들이 청렴하고 탐욕스러운지를 염탐하고, 백성들의 기쁨이나 슬픔과 이로움과 해로움, 기타 풍속의 교화(教化) 여부, 법을 지키지 않는 완악한 자들을 알아내는 일 등도 그만두어서는 안될 것 같습니다.

하니, 임금이 비답하기를, "차자의 내용이 합당한 것들이니, 그대로 시행함이 마땅하다."[30]라고 하여, 그의 의견을 따랐다.

1685년부터는 중추부 지사·판사로 물러앉아 국왕을 보필하였다. 그러던 중 1689년 기사환국(己巳換局)으로 다시 남인이 집권하자 노론의 중진들과 함께 관직을 삭탈당하고 벽동(碧潼)에 유배되어 그곳에서 죽었다.

1694년의 갑술환국으로 남인이 다시 실각하자 관작(官爵)이 회복되어, 양주로 옮겨 장례를 치렀으며, 뒤에 여주로 이장했다.

현종의 묘정(廟庭)과 양주 석실서원, 충주 누암서원(樓巖書院), 장흥 연곡서원(淵谷書院), 함흥 운전서원(雲田書院), 벽동 구봉서원(九峯書院), 정평 망덕서원(望德書院) 등에 제향되었다. 저서로는 『노봉집(老峯集)』·『노봉연중설화(老峯筵中說話)』·『임진유문(壬辰遺聞)』 등이 전하며, 글씨로는 〈우상이완비(右相李浣碑)〉·〈개성부유수민심언표(開城副留

30 『숙종실록』 권10, 숙종 6년(1680) 12월 25일(경술).

守閔審言表) 〉·〈 개심사대웅전편액(開心寺大雄殿扁額) 〉 등이 있다. 시호는 문충(文忠)이다.

5. 이단상(李端相, 1628~1669)

詩禮淵源 시례의 연원 계승하여
理義芻豢 의리를 깊이 탐구하고
勇退名韁 명예의 굴레 용퇴하여
默造道岸 도학의 영역 도달했네
靈芝詠秀 영지의 줄기 읊조리고
太極玩妙 태극의 묘리 완미하며
華陽襟契 화양의 의기 투합하여
秋水相照 물처럼 환히 통했다네[31]

조선 후기의 문신이며 학자로, 자는 유능(幼能), 호는 정관재(靜觀齋)·서호(西湖)이며 본관은 연안(延安)이다. 할아버지는 좌의정 이정구(李廷龜)이다. 아버지는 대제학 이명한(李明漢)이며, 어머니는 금계군(錦溪君) 박동량(朴東亮)의 딸이다.

---

31 『농암집』 별집 권2, 「부록」1, 〈석실서원사제문〉.

1648년(인조 26) 복시 진사시에 장원, 다음해 정시문과에 병과로 급제하였다. 설서·대교·봉교·부수찬·교리 등을 역임하면서, 서연에 나아갔다. 여러 차례 이조·병조의 정랑을 지내고 의정부사인으로 지제교를 겸하였다.

1655년(효종 6) 사가독서를 한 뒤 대간에 들어가 구애됨이 없이 정론(正論)을 밝혔으며, 전라도 지방을 두루 살펴 기근이 심한 고을을 구제하게 하였다. 그 뒤 효종이 죽고 정국이 변하자 두문불출(杜門不出)하고 학문에만 전념하다가 잠시 청풍부사를 지냈으며, 이어 응교를 거쳐 인천부사가 되었다.

1664년(현종 5) 10월 28일에 집의로 왕의 강학을 강조하는 상소를 올렸는데, 그 소에 "성상께서 『통감(通鑑)』을 강하시니, 사학(史學)에 마음을 두고 경전(經典)은 소홀히 하고 계시는데, 『심경(心經)』·『대학연의(大學衍義)』에 전심하여 급선무로 삼는 것이 더 나을 것"이라고 하고, 이어 "전하께서 학문 강론을 부지런히 하시려면 먼저 초야의 어진 이를 초빙하지 않을 수 없다"고 하였다. 그리고 "그러한 인물로 송시열·송준길 같은 자는 어찌 학문을 강론하기 위해 초빙할 인물 정도이겠습니까?"라고 하여, 송시열을 국정을 담당할 인재로 지목했다.[32] 그러나 『현종개수실록』에 실려 있는 상소는 『현종실록』보다 더 상세히 심학을 중시하는 이단상의 원론적 입장을 전해 준다.

32 『현종실록』 권9, 현종 5년(1664) 10월 28일(병술).

지금 만일 본원의 땅에 공부를 첨가하려고 한다면 학문을 강론하는 것보다 급한 것이 없는데, 성경(聖經)과 현전(賢傳)이 어느 것이 마음을 다스리는 약석이 아니겠습니까마는 체용(體用)과 종시(終始)가 모두 갖추어진 것은 『심경(心經)』만한 것이 없으니 이것은 심학(心學)에 있어서 참으로 지남거(指南車)이며 촉유감(燭幽鑑)인 것입니다. 이러하므로 선대왕의 말년에 특별히 이 책을 강론하면서 송시열(宋時烈)·송준길(宋浚吉) 등과 함께 몰두하여 강구하고 체험을 이루어 광명이 계속 빛나는 성대함이 있었습니다. 신이 그때 옥당에 있으면서 마침 이황(李滉)이 이 책을 처음 입수하여 친히 구두를 찍고 주석을 가한 책을 얻어 관료(館僚)와 함께 차자를 갖추어 올리니, 선대왕이 애완하여 보물처럼 아끼면서 하교하기를 '이 책을 얻고부터 마치 이황이 직접 좌우에 있는 것 같다.'고까지 하였습니다. 신의 망령된 생각으로는 전하께서 선대왕이 강학하던 차례를 계승하여 먼저 이 책을 강론하되 유신을 접견하여 날마다 강독한다면 성상의 학문에 유익함을 어찌 헤아릴 수 있겠습니까.

신이 삼가 들으니 전하께서 일찍이 『대학연의(大學衍義)』을 강독하였다고 하는데 서산 진씨(西山眞氏)의 일생 공부와 정력이 『심경』 및 이 책에 다 있습니다. 그 후 명(明)나라의 유신 양렴(楊廉)·구준(丘濬) 등이 각기 『연의절략(衍義節略)』과 『연의보(衍義補)』를 지었고 신의 6대조 연성 부원군(延城府院君) 이석형(李石亨)도 역시 『연의집약(衍義輯略)』을 편집하였는데 서산의 본서를 요약하고 각 조항의 끝에 우리 동국 고려의 여러 임금들의 일로 임금에게 권징(勸懲)이 될 만한 것을 첨부하였으니 우리나라의 일에 경계됨이 더욱 절실합니다. 신의 생각으로는 『대학연의』는 본서 그대로 진강하고 『연의집략』 중 우리나라의 역사로 보충한 것은 별도로 뽑아내어 혹 한 책으로 만들거나 혹 본서의 각 조항 끝에 첨입하여 연달아 강독하는 것으로 삼는다면 고려의 치란 흥망의 사유를 대략 이해할 수 있을 것이니 오늘날의 경계가 더욱 친절할 것입니다. 『대학』이라는 책은 전하께서 전일에 이미 익히 강송(講誦)하셨으니 신의 생각으로는 비록 『연의』를 진강하지 않을 때라도 『대학』 본서는 궐내에서 날마다 순환적으로 묵송(默誦)하며 몰두하여 완미하는 공부를 잠시도 폐기하여서는 안 됩니다. 반드시 이처럼 한 다음에야 본서와 『연의』의 취지가 서로 호응되어 넘치거나 빗나가는데 대한 걱정이 없을 것"이라고 하여, 『심경』과 『대학』과 관련된 저서를 볼 것을 권유하였다. 그러면서 사학(史學)에 대해서는 "삼가 들으니 전하께서 사학(史學)에 유의하고 경전(經傳)에 소홀히 한다고 하는데 이것은 고금 인주(人主)의 공통된 병통이나 만일 먼저 경전을 강독하여 본원을 다스려서 의리(義利)와 공사(公私)를 분별하지 않는다면 어떻게 시비 득실과 치란 흥망의 연유를 판별하겠습니까."라고 하여 사학보다 경전에 침잠해서 본원을 다스려서 의리(義利)와 공사(公私)를 분별해야만 시비와 치란을 분별할 수 있다고 하였다.

상소에 의하면 이단상은 본원에 뜻을 두고 학문을 강론함에 있어서는 성경(聖經)과 현전(賢傳)을 바탕으로 해야 한다고 하였다. 그리고 이러한 책으로는 『심경』만한 것이 없으며, 아울러 『대학』과 『대학연

남양주시 진접읍 부평리 소재, 이단상, 이희조의 묘 ©임병규

의(大學衍義)』을 비롯한 『연의절략(衍義節略)』과 『연의보(衍義補)』, 『연의집략(衍義輯略)』을 정밀하게 탐구해야 한다고 주장 하였다.

특히 이단상은 당시의 조정에 경술을 지닌 신하가 없다고 하면서 "옛날 인조(仁祖) 때는 명신 석보로서 신흠(申欽) · 오윤겸(吳允謙) · 김상헌(金尙憲) · 정엽(鄭曄) · 정경세(鄭經世) · 장유(張維)와 같은 신하들이 모두 유술(儒術)로 출사하여 조정에서 의젓하게 자리를 잡았으며, 우리 선왕조 때에도 두세 명의 경술을 지닌 신하가 삼사(三事)의 지위에 분포되어 있으니 자연 조정의 존귀함을 깨닫게 되었는데, 지금은 단지 영중추 이경석(李景奭) 한 사람뿐입니다. 그러므로 경연에서 의리에 관한 설을 들을 수 없고 반복 강론하는 것이 매번 항간의 자질구레

한 세속적인 이야기만 어전에 잡되게 진달하니 신은 여기에서 성조를 위하여 수치로 여깁니다."라고 하여, 송시열과 송준길의 등용을 주장하였던 것이다. 특히 "송시열의 예에 대한 논의는 정정 당당하여 백세(百世) 이후에 성인이 나온다 하더라도 의혹될 게 없을 것이다."고 한 이단상의 극찬에 대해, 남인이 집권하면서 편찬된 『현종실록』에서는 "임금을 속인 그의 죄가 여기에서 극에 이르렀다. 이것이 어찌 이른바 소인의 거리낌없는 짓이 아니겠는가."라고 혹평하였다.

이단상은 효종(孝宗)이 승하하고 정국이 변하자 두문불출하고 학문에만 전념하다가 잠시 청풍부사를 지냈다. 이어 응교를 거쳐 인천부사가 되었다. 1664년(현종 5) 집의가 되어 입지권학(立志勸學)에 관한 다섯 조목을 상소하고 스스로 관직을 떠났다. 그 뒤 홍명하(洪命夏)·송준길(宋浚吉)·조복양(趙復陽) 등이 그의 학문과 덕행을 인정해 경연관에 추천했으나 이를 사양하고 양주 동강(東岡)으로 물러났으며, 승지와 병조참지에 임명되었으나 모두 사양했다. 1669년 부제학으로 서연관을 겸했으나 곧 사양하고 물러났다가 얼마 되지 않아 죽었다. 그의 죽음에 대해 『현종수정실록』에서는 다음과 같이 기록하였다.

> 전 부제학 이단상(李端相)이 졸하였다. 단상은 이조 판서 이명한(李明漢)의 아들이고, 좌의정 정귀(廷龜)의 손자이다. 집안이 대대로 문장과 복록(福祿)으로써 온 세상에 성대하게 일컬어졌다. 일찍이 과거에 급제하여 재주 있다는 칭찬이 점점 성해졌는데, 방랑을 좋아하는 문사의 습관을 벗

어나지 못하였다. 효묘(孝廟) 말년에는 신병을 핑계로 출사하지 않고 서울에서 가까운 경기 지역에 물러나 있었다. 비록 간간이 고을에 임명되었지만 역시 오랫동안 있지 않았다. 글을 읽어 뜻을 구하고 담박하게 스스로를 지켰으며 또 사우(師友)의 도움으로 나날이 개발되었는데, 대체로 그의 사람됨이 총명하고 올바랐기 때문에 혼미한 벼슬길에서 스스로 벗어나 인고하면서 뜻을 돈독하게 지녀, 마침내 확립하는 바가 있었던 것이다. 그가 강론한 견해는 대부분 명확하고 투철하였으므로 한 때의 사류들에게 존중을 받았다. 불행하게 일찍 졸하였으니, 애석하다. 임종할 때 유소로 훌륭하고 덕있는 이를 초치(招致)하고 큰 사업에 더욱 힘쓰라고 임금에게 권하였으며, 또 장식(張栻)의 말을 인용하여 남을 믿어 맡길 때는 일신의 편견을 막고, 남을 좋아하고 미워할 때에는 천하의 이치에 공변되게 하라 청하였고, 아울러 약을 하사한 은전을 사양하였다.[33]

1680년(숙종 6) 민정중(閔鼎重)의 건의로 이조참판 겸 경연, 홍문관·예문관의 제학에 추증되고, 다시 이조판서로 증추되었다. 그의 문하에서 아들인 희조(喜朝)와 김창협(金昌協)·김창흡(金昌翕)·임영(林泳) 등의 학자가 배출되었다.

양주의 석실서원, 인천의 학산서원(鶴山書院)에 제향되었다. 저서로는 『대학집람(大學集覽)』·『사례비요(四禮備要)』·『성현통기(聖賢通紀)』·

---

33 『현종개수실록』 권21, 현종 10년(1669) 9월 19일(기유).

『정관재집』 등이 있다. 시호는 문정(文貞)이다.

6. 김창협(金昌協, 1651~1708)

明通簡潔 지혜가 밝디밝고 기품도 간결

玉潤金精 옥처럼 온화하고 금처럼 정갈

出處盡分 나가고 들어앉는 분수 다하고

知行兼程 알고 또 실천하는 공부 겸하여

扶植世教 유학을 붙들어서 보호하였고

模範後人 후생이 따라 배울 모범이 되니

三洲朗月 삼주 마을 하늘의 밝은 달빛에

怳挹光塵 기풍이며 영향을 느낄 만하네.

조선 후기의 문신이며 학자로, 본관은 안동, 자는 중화(仲和), 호는 농암(農巖)·삼주(三洲). 좌의정 김상헌의 증손자이고, 아버지는 영의정 김수항이며, 어머니는 안정나씨(安定羅氏)로 해주목사 성두(星斗)의 딸이다. 1651년 경기도 과천 명월리의 외가에서 태어나 1708년(숙종 34)에 양주(楊州)의 삼주(三洲)에서 세상을 떠났다. 주지하다시피 그는 병자호란 때 척화를 주장했던 김상헌의 증손이다. 증조부가 좌의정을, 그의 아버지 김수항이 영의정을 지냈던 만큼 그는 사대부 사회의 정

김창협

점에 위치한 명문가 출신으로 소위 육창(六昌)으로 불리는 그의 형제들인 김창집·김창흡·김창업 등은 모두 관직과 문장·학문으로 일세에 명성을 떨친 사람들이었다. 이후의 일이지만 19세기 세도정치의 핵이었던 장동김씨(壯洞金氏) 일문은 바로 '창'(昌)자 돌림 형제들의 후손들이다.

유년 시절을 제외한 성인으로서의 김창협의 활동기는 현종과 숙종 때의 대부분에 걸치는 바, 이 시기는 임진·병자 양란을 경험한 조선 사회 전반에 동요가 일어나는 한편으로 변화의 기운이 태동하던 전환기에 해당한다. 김창협의 일생 동안, 1659년의 1차 기해(己亥) 예송과 1674년의 2차 갑인(甲寅) 예송에서 남인과 서인의 대립으로 인한 정권의 이동, 1680년의 경신대출척으로 인한 남인 축출, 1694년 기사환국으로 인한 남인 재집권, 1694년 갑술옥사로 인한 남인의 축출과 서인의 재집권, 그리고 서인의 노론과 소론으로의 분열 등 격렬한 당쟁이 벌어졌고, 그것은 벌열의 형성 과정과 다름없었다.

빼어난 학자나 인물에 대한 수식이 흔히 그러하듯, 농암 김창협 역시 어려서부터 총명한 재질의 소유자로 알려졌다. 그는 15세에 이단상(농암의 장인)에게서 성리학에 관한 글을 배웠고, 24세에는 용문산으로 송시열을 찾아가 『소학』의 의문처를 질의함으로써 송시열의 제자가 되었다. 그와 송시열의 관계는 이로부터 시작된 것이다.

김창협은 1669년(19세)에 진사가 되고, 1682년 증광문과에 장원으로 합격해 관료로서 순탄하게 출발했다. 이조정랑 · 수찬 · 교리 · 지평 · 집의 · 헌납 · 대사간 · 동부승지 · 대사성 등 이른바 청현직을 두루 거치면서 그야말로 전형적인 관료로서의 출세길을 걸었던 것이다. 가문의 후광도 적잖이 작용했겠지만 무엇보다 그의 재능이 탁월했기 때문이었다. 1694년 기사환국을 기점으로 농암 김창협의 관력은 끝났다. 기사환국은 김창협의 삶의 행로를 바꾼 일대 사건이었다. 경신대출척 이후 재집권한 남인은 노론의 영수에게 집요한 공세를 펼쳤던 바, 그의 아버지 김수항과 스승 송시열은 사사되고, 중부(仲父) 김수흥(金壽興)도 적소에서 울화로 사망하였다. 그리고 그 자신은 목도하지 못하였지만, 이른바 노론 사대신의 한 사람인 그의 형 김창집 역시 1722년 신임사화로 인해 사사되었다. 당쟁이 본래 권력을 둘러싼 피비린내 나는 투쟁이거니와, 권력의 핵심에 가까이 있을수록 패배했을 때 당하는 피해는 엄청나기 마련이었다. 김창협 가문이 권력의 중심부에 자리하고 있었던 만큼 정변의 파란은 생의 방향을 바꾸는 중대한 계기로 작용하였다. 특히 기사환국은 표방할 만한 어떤 명분이 쟁점이 되었던 것이 아니라 군주 개인(숙종)의 애정문제에 사류들이 얽혀들어가 희생되었다는 점에서 김창협은 더욱 회의를 느꼈던 것으로 보인다.

기사년 이후 김창협은 영평의 옛집으로 돌아가 벼슬을 단념하고 도학과 문장에 전념하였다. 6년 뒤 갑술옥사(1694)를 계기로 노론이 재집권하고 김수항과 송시열이 신원되었다. 이후 숙종은 김수항의 억울한 죽음에 대한 보상으로 호조참의·대제학·예조판서 등의 관직으로 김창협을 누차 불렀으나, 모두 사양하였다. 『농암집』에 수록된 대부분의 상소는 모두 사직에 관련된 것이다. 특히 "신은 천지간의 한 죄인입니다"로 시작되는 「호조참의사소(戶曹參議辭疏)」는 명문으로 알려져 있다.

평소에 부드럽고 화기가 가득하지만 의리를 논할 때에는 성조를 높여 기절이 강개하였으며, 선입한 의견을 내세우지 않아 다른 사람의 의견이 옳으면 곧 주장한 바를 양보하였다. 후학을 순순히 교화하여 모두 심복하게 하였다. 문장은 아순정하여 구양수의 정수를 얻고, 시는 두보의 영역에 출입하였으나 답습과 조회를 일삼지 않고 고고건아 하였다.

특히 김창협은 학문적으로는 이황(李滉)과 이이(李珥)의 설을 절충한 절충학파의 비조로 알려져 있다. 그는 「사단칠정설」에서 "사단은 '이'(理)를 위주로 말한 것으로 기가 그 가운데 있으며, 칠정은 기를 위주로 말한 것으로 '이'가 그 가운데 있다."고 사단과 칠정의 관계를 정의하였다. 이는 이이의 "사단은 '이'만을 지적한 것이기에 '이'라 할 수 있지만, 칠정은 '이'와 '기'를 겸하여 말한 것이기에 주리라고 할

남양주시 와부읍 덕소리 소재, 김창협의 묘 ©윤종일

수 없다"는 견해와 분명히 다르다고 할 수 있다. 특히 김창협은 『주자어류』의 "사단은 이의 발, 칠정은 기의 발"이란 구절을 인용하고, 퇴계의 설이 이에 가깝다고 판단한다. 그러나 그 스스로 "추설(推說)이 너무 지나치고 부석(剖釋)이 이미 심해 마침내 두 갈래로 만드는 병이 되었다"고 주장했듯, 퇴계의 설에 대한 전면적인 수긍은 하지 않았다. 그리고 "인심에는 이와 기가 있는데, 그것이 외물에 감촉하면 기기(汽機)가 발동하고 '이'가 탄다."는 기발일도설(氣發一途說)을 주장하여 이황의 '사단'을 '이발이기수지'라는 견해와 다른 입장을 취했다. 그는 '기발일도설'에 입각하여 이이의 사칠론을 세밀히 비판하였다. 그는

"사단(四端)은 선(善)뿐이고 칠정(七情)은 선과 악을 겸했으니, 사단은 오로지 이(理)만 뜻하고 칠정은 기(氣)를 겸한 것이다."라는 이이의 설에 대해, 다만 기(氣)까지 겸하였다는 한 구절에서 차이를 보인다. "칠정이 비록 이와 기를 겸했더라도 그 선한 것은 기가 능히 이를 따랐음이요, 그 선하지 않은 것은 기가 능히 이를 따르지 않은 것이니, 처음부터 기가 주된 것이다."라고 하여 이황의 기발이승설(氣發理乘說)을 지지하였다. 그리고 인심도심설(人心道心說)에 대해서도 "기의 맑은 것은 모두 선하지만 선한 정(情)이 모두 맑은 기에서 나왔다 함은 옳지 않으며, 정의 악한 것이 탁(濁)한 기에서 나왔지만 탁한 기가 발(發)해된 정이 모두 악하다고 할 수는 없다."고 하였다. 또한 그는 "인심의 동(動)함에 이가 비록 기에 탔어도 기가 또한 이의 명령을 듣는 것이다. 만약, 선악의 정을 모두 기의 청탁에 돌린다면 이의 실체와 성(性)의 선함을 보지 못할 것이다."라고 하였다.

아울러 「성악론변(性惡論辨)」에서 그는 "사람의 성은 본래 선한 것이나 순경(荀卿)이 인성을 악하다고 말한 것은 기요, 성이 아니다. 대체로, 사람이 세상에 날 때 기는 질(質)이 되고 이는 성이 되는 것인데, 이에는 선만 있고 악이 없으나 기에는 선한 것도 있고 선하지 못한 것도 있으니, 사람에게 선하지 못함이 있음은 기의 소위이다."라고 규정하였다.

1708년(숙종 34) 4월 11일 그가 죽은 뒤 『숙종실록』에 다음과 같이 기록하였다.

김창협의 자는 중화(仲和)로서, 영의정 김수항의 둘째 아들이다. 천성이 온수(溫粹)하고 청결하여 한 점의 더러운 세속의 기운이 없고, 맛이 진한 문장은 구양수(歐陽修)의 정수를 깊이 얻었다. 국조(國朝) 이래로 작자는 1, 2분에 불과했는데, 김창협이 정립하였다고 이를 만하다. 시(詩)도 역시 한(漢)·위(魏)를 출입하면서 두보(杜甫)로 보익(補翼)하였다. 고고(高古)하고 아건(雅健)하여, 천박한 문장을 일삼지 않았는데, 조금 후에 이것은 우리 선비가 끝까지 할 사업은 되지 못한다고 여겨 마침내 육경(六經)에만 오로지 정진하여 염락관민(濂洛關閩)의 학에 미쳐서 학문에 젖어서 널리 행함에 침식을 잊기까지 하니, 견해가 정확(精確)하고 공부가 독실하여 요즘의 변통성이 없는 선비에 비길 수 없었다. 주자서(朱子書)에 공력(功力)을 씀이 더욱 깊어, 송시열이 『주문차의(朱文箚義)』를 저술할 때에 그의 말을 많이 인용하였다. 만년에 의리가 꽉 막히고 사문이 갈라지고 찢어지는 때를 당하매, 명의(名義)를 표정(表正)하고 사피(邪詖)함을 물리치는 것으로써 자기의 임무를 삼으니, 세도(世道)가 힘입어서 유지되어 울연(鬱然)히 유림의 으뜸이 되었다. 종학(從學)하는 자가 매우 많았는데 훈회(訓誨)하기를 조금도 게을리하지 않았으며, 후생 가운데 문사(文詞)를 바로잡을 자가 있으면 문득 이끌어서 학문에 나아가게 하였다. 젊어서 괴과(魁科)에 올라, 명망이 한 시대를 굽어보았다. 법연(法筵)에 진강(進講)하니, 순부(淳夫) 처럼 삼매(三昧)의 경지에 있다는 성예(聲譽)가 있었다. 더욱 군덕(君德)의 궐유(闕遺)에 권권(眷眷)하고, 일을 만나면 규절(規切)하여 임금의 노여움을 피하지 않았다. 기사년의 화(禍)를 만나자, 다시는 당세(當世)에 뜻을 두지 않았고, 경화(更化) 한 뒤에 여러 번 불렀으나 나오지 않았다. 궁산(窮山)에서 굶주림을 참아가면서 굳게 지조를 지키면서 한평생을 마쳤으니, 비록 지취(志趣)가 다른 자라도 또한 높이 우러러 공경하여 미치기 어렵다고 여겼다. 대개 그의 자품의 순수함과 문장의 높음과 학술의 심오함을 논하면, 모두가 남보다 뛰어났으니, 진실로 세상에 드문 홍유(鴻儒)가 될 만하다고 하겠다. 이때에 이르러 졸(卒)하니 나이가 58세이었다. 태학생들이 관(館)을 비우고 와서 전(奠)을 올렸고, 학자들이 그를 '농암선생'이라고 일컬었다.[34]

특히 그의 문장은 단아하고 순수하여 구양수(歐陽修)의 정수를 얻었으며, 그의 시는 두보(杜甫)의 영향을 받았지만 그대로 모방하지 않고 고상한 시풍을 이루었다. 특히 문장에 능하고 글씨도 잘 써서 「문정공이단상비(文貞公李端相碑)」·「감사이만웅비(監司李萬雄碑)」·「김숭겸표(金崇謙表)」·「김명원신도비전액(金命元神道碑篆額)」 등의 작품을 남겼다.

사후 김창협은 1725년 문간(文簡)이란 시호를 받고, 영암(靈岩) 녹동서원(鹿同書院), 양주(楊州) 석실서원(石室書院)과 경성(鏡城) 화곡서원(華谷書院) 등에 배향되었다. 저서로 1710년(숙종 36)에 아우인 김창흡이 그의 문인과 함께 편집한 『농암집』 34권이 있다. 대부분의 저술은 여기에 실려 있다. 이후 1754년(영조 30) 연보·세계·표·지 등 부록 2

34 『숙종실록』 권46, 숙종 34년(1708) 4월 11일(정사).

권이, 1854년(철종 5)에 속집 2권이, 1928년에 별집 2권이 추가로 간행되었다. 이외 『주자대전차의문목(朱子大全箚疑問目)』·『논어상설(論語詳說)』·『오자수언(伍子粹言)』·『이가시선(二家詩選)』 등이 있고, 편저로는 『강도충렬록(江都忠烈錄)』·『문곡연보(文谷年譜)』 등이 있다.

7. 김창흡(金昌翕, 1653~1722)

조선 후기의 유학자로 본관은 안동이며, 자는 자익(子益), 호는 삼연(三淵)이다. 좌의정 김상헌의 증손자이고, 영의정 김수항의 셋째 아들로 1653년(효종 4) 한양 명례방(明禮坊)에서 태어났다. 어머니는 안정나씨(安定羅氏)로 해주목사 나성두(羅星斗)의 딸이다. 형으로 영의정을 지낸 김창집과 예조판서·지돈녕부사 등을 지낸 김창협이 있다.

15세 때 정관재 이단상에게 배웠다. 1670년(현종 11) 겨울 강화부(江華府)로 중부(仲父) 문익공(文翼公)을 찾아갔다가 적석사(積石寺)에 들어가 『장자』를 읽고 이듬해 봄에 돌아왔다. 1671년(19세, 현종 12), 하루는 손흥공(孫興公)의 「천태부(天台賦)」를 읽고 감흥이 있어서 풍악(風岳) 등의 여러 산을 수십 일 동안에 걸쳐 돌아보았다. 이 해 모부인의 강권에 의해 소과(小科)에 응시하여 장원하고 김만중으로부터 격조가 고고(高古)하여 근대(近代)에 없던 것이라는 극찬을 받았다. 21세 때인 1673년(현종 14) 진사시에 합격했으나 벼슬에는 관심이 없었다.

김창흡

그 후 시학(詩學)에 열중하여 주로 시경(詩經), 초사(楚辭), 고악부(古樂府), 성당제가(盛唐諸家)의 시를 익혔다. 수련법(修煉法)에 깊은 흥미를 가져 수년간 절식(節食), 복약(服藥)을 하기도 하였으나 나중엔 무익하다고 버렸다. 1676년(숙종 2) 졸수재(拙修齋) 조성기(趙聖期, 1638~1689)가 남산 아래에 은거하고 있는데 격치(格致)의 공부에 조예가 깊다는 말을 듣고 찾아가니 졸수재가 자신이 공부한 내용을 모두 일러주었다. 1679년 철원 삼부연(鐵原 三釜淵)에 집을 지어 자호로 삼고 어초(漁樵) 무리에 섞여 사니 아무도 대가집 자제인 줄 알지 못 했다. 29세 때인 1681년 부친의 명으로 서울로 돌아와 백악산(白岳山) 아래에 낙송루(洛誦樓)를 세우고 뜻맞는 이들과 독서부시(讀書賦時)를 하며 지냈다. 김석주(金錫胄)가 '문장이 높고 행실이 뛰어나다'고 천거해서 장악원 주부에 임명되었으나 나가지 않았다. 1684년 부친이 시약(侍藥)의 공으로 임금으로부터 자제 1인이 6품직을 받게 되어 삼연이 장악원 주부로 제수되었으나 나아가지 않았다. 부친이 저도(楮島)의 산수가 좋다고 여겨 물러나 쉴 뜻을 가지니 김창흡이 먼저 가서 거처하였다. 1689년(숙종 15) 기사환국으로 부친이 진도에서 사사되자, 영평(永平: 경기도 포천)에 은거하였다. 『장자』와 사마천(司馬遷)의 『사기』를 좋아하고 시도(詩道)에 힘썼으며, 친상을 당한 뒤에는 불전(佛典)을 탐독하여 슬픔을 잊으려 하였다. 얼마 후 『중용』을 읽어보고 깊이 느낀 바 있어 옛날에 좋아하던 것을 모두 그만두고 유학에 전념하였다. 세속을 떠나 궁벽한 곳으로 가고 싶은 마음이 간절하였으나 모부인이 나이가 많아 차마 멀리 떠나지 못하고 양근(陽根)의 벽계(壁溪)에 거처하였다. 1694년에 부친의 신원(申寃)이 이루어졌다. 1696년 서연관(書筵官)에 선발되는 등 연이어 벼슬이 내려졌으나 나아가지 않았다. 1698년 최석정(崔錫鼎)이 재상이 되어 기사년 흉당 이단우(李端雨)를 등용하기를 청하니 선생이 격분하여 절교하였다.

51세 때인 1703년(숙종 29) 종부시 주부에 제수되었으나 나아가지 않았다. 박세당(朴世堂)이 사서주(四書註)를 개찬(改撰)해서 주자(朱子)를 업신여기니 엄히 배척하였다. 6월에 모부인의 상을 당하였다. 1705년(53세, 숙종 31) 익위사 익위(翊衛司翊衛)에 제수되었으나 나아가지 않았다. 이해 겨울에 설악(雪岳)의 백연동(百淵洞) 입구에 벽운정사(碧雲精舍)를 지어 은거하였다. 1708년 정사가 불타서 조원봉(朝元峰) 아래에 영시암(永矢菴)을 지어 지냈다. 1714년 함께 살던 최춘금(崔春金)이 호랑이에게 잡아 먹히자 하는 수없이 산에서 나왔다. 1715년(숙종 41) 사헌부 지평에 제수되었으나 소를 올려 사양하였다. 춘천으로 옮겨 거처하였다. 1716년(숙종 42) 다시 지평에 제수되었으나 사양하였다. 1721년(경종 1) 겨울에 다시 신임사화가 일어나 백씨가 절해고도로 유배당하였다. 1722년(경종 2) 영조가 세제(世弟)로 책봉되자 세제시강원에 임명되었으나, 모두 사임하고 나가지 않았다. 신임사화로 절도에

포천시 신읍동 소재, 김창흡의 묘 ©윤종일

유배된 형 김창집이 사사되자 이질에 걸려 70세로 운명하였다.

경종실록에 실린 졸기(卒記)는 다음과 같이 전한다.

김창흡의 자(字)는 자익(子益)이고, 호(號)는 삼연(三淵)인데, 영의정 김수항(金壽恒)의 아들이다. 타고난 자질이 뛰어났고, 젊은 날 협기(俠氣)를 드날렸으며 약관(弱冠)에 진사(進士)가 되었다. 일찍이 『장자』의 글을 읽다가 마음속에 황연(怳然)하게 깨달은 바가 있어 이때부터 세상일을 버리고는 산수(山水) 사이에 방랑하며 고악부(古樂府)의 시도(詩道)를 창도(唱導)

하여 중흥조(中興祖)가 되었다. 또 선가(仙家)·불가(佛家)에 탐닉하여 오랫동안 스스로 돌아오지 아니하였는데, 가화(家禍)를 당하자 비로소 그 형 김창협(金昌協)과 함께 학문에 종사하니, 그 견해가 때로 크게 뛰어났다. 만년에는 설악산(雪嶽山)에 들어가 거처를 정하고 『주역』을 읽었는데, 스스로 '정자(程子)·주자(朱子)가 이른 곳이라면 또한 이를 수 있다.'고 하였다. 그러나 성품이 괴격(乖激)한 데 가까와 무릇 시론(時論)에 대하여 혹은 팔을 걷어붙이고 장서(長書)를 지어 당로(當路)를 들추어 배척했으되, 말이 걸핏하면 다른 사람들의 선조(先祖)를 범하여 자못 처사(處士)로서 의논을 함부로 한다는 이름을 얻었으므로, 사람들이 이를 많이 애석하게 여겼다. 조정에서 유일(遺逸)로 여러 차례 헌직(憲職)을 제수하였으나 나가지 않았다.[35]

그는 형 김창협과 함께 성리학과 문장으로 널리 이름을 떨쳤고, 이기설에서는 이황(李滉)의 주리설(主理說)과 이이(李珥)의 주기설(主氣說)을 절충한 형 창협과 같은 경향을 띠었다. 즉, 선한 정(情)이 맑은 기(氣)에서 나온다고 말한 이이의 주장에 반대하고 선한 정이 오직 성선(性善)에서 나온다고 말한 형 창협의 주장에 찬동하였다. 또한 사단칠정(四端七情)에서는 이(理)를 좌우로 갈라 쌍관(雙關)으로 설명한 이황의 주장에 반대하고, 표리(表裏)로 나누어 일관(一關)으로 설명한 이

35 『경종실록』 권6, 경종 2년(1722) 2월 21일(병자).

이의 주장을 찬성하였다. 아울러 『중용』의 미발(未發)에 대해서도 깊이 연구하였다. 또한 인품(人品)을 6등으로 나누어 성인(聖人)·대현(大賢)·군자(君子)·선인(善人)·속인(俗人)·소인(小人) 등으로 구분하기도 하였다.

그러나 김창흡의 학문에 있어서 주목할 것은 그의 실용적인 학문경향이라고 할 수 있다. 그가 24세 때 조성기를 찾아가 '격치'의 공무에 대해 이야기를 들었다고 한 바와 같이 조성기의 영향을 많이 받았던 것임에 틀림없다. 그는 조성기를 두고 근세의 학자 중에서 유일하게 학문의 대의(大意)를 얻은 사람이라고 극찬하면서 격물치지란 것도 서책의 장구(章句) 끝에서 그치지 않음을 알게 되었고, 일상적인 데에서 사람을 일깨우는 일도 더욱 고명하게 마음을 음미하는 수준에 있어서 속학의 틀 속으로 떨어지지 않게 하는 이런 것들이 바로 조성기에게서 배운 내용이라고 하였다. 그는 조성기에 대해 다음과 같이 말했다.

> 졸수재는 일생 동안 병으로 지냈으므로 경(敬)을 지니는 공부에는 힘을 들이지 못하였다. 단지 자신만 그러하지 못했을 뿐만 아니라, 다른 사람이 행동 하나하나에 세심히 신경 쓰는 것을 보면 반드시 한바탕 통렬히 질책을 하였으니 이러한 것이 바깥의 일이요, 말단의 일로서 존심의 일에는 무익하며, 그 뜻이 비록 있다고 하여도 성인의 하학상달(下學上達)의 가르침으로 헤아려 보면 역시 치우친 것이 라고 생각하였다. 요새 사람들이 졸수재의 학문이 너무 '사공'(事功)을 중시한다고 하는 것은 비록 졸수재를

잘 알지 못하는 사람이라도 대개 이러한 점 때문에 그러는 것이다.[36]

위 글에 의하면 조성기는 지경(持敬)을 한답시고 전전긍긍하면서 행동거지 하나하나에 신경쓰는 것을 말단의 일로 생각하고 중시하지 않았으며, 마음을 어떻게 지니는가 하는 일보다 주의의 일상 사물을 어떻게 다룰 것인가 하는 점이 더 우선적이라는 것이다.[37] 이 말을 달리 설명하면 '주변에 있는 사물의 본질과 원리를 터득하는데 중점을 두었음'을 알 수 있다.

그러나 김창흡을 이야기 할 때 문학을 떼어놓고 설명할 수 없을 것이다. 앞에서도 언급한 바와 같이 어린 시절 『장자』, 『사기』 등을 즐겨 읽었으며 시에 가장 많은 힘을 기울여 개연히 풍아(風雅)를 만회하고자 하였다는 기록으로 보아 사상보다 오히려 시학(詩學)에 더 치중했음을 알 수 있다. 김창흡이 조성기로부터 학문적 영향을 많이 받았음에도 불구하고 문학사상에 있어서 다소 다른 견해가 엿보인다. 조성기가 문학의 실용성을 중시하는데 비해 김창흡은 표현론적 견해를 보여주었다고 한다. 그리고 『시경』을 중시하면서 아(雅)보다는 풍(風)에 가치를 더 부여하는 태도는 역시 자연스런 정서의 표출을 중시한 표현론적 문학론과 궤를 같이 한다. 그 외에 비(比), 흥(興)의 문제나 신

36 『三淵集拾遺』 권31, 「語錄」.

37 『한국인물유학사』③, 한길사, 1996. 1322쪽 참조.

(神)의 문제, 그리고 법고(法古)와 창신(創新)의 문제 등은 이러한 범주 속에서 이루어지는 세부적인 사항이다. 김창흡의 문학론은 그의 성리학 사상과는 별개로 문학 자체의 표현론적 측면을 더 중시하고 있으며, 그의 독특한 삶도 바로 이 문학을 통해 구현되었다. 즉 성취하는 삶이 아닌, 존재의 의미를 더 중시하는 삶을 선택한 김창흡으로서는 문학을 어떤 성취를 위한 수단으로 보기보다는 존재 그 자체를 대변해 주는 수단으로 활용하였고, 문학을 통해 존재의 의의를 발견해 나가고자 하는 자세를 보인 셈이다.[38]

저서로는 『삼연집』·『심양일기(瀋陽日記)』 등이 있으며, 사후 이조판서에 추증되었고, 양주의 석실서원, 양근(楊根)의 미원서원(迷源書院), 덕원의 충곡사(忠谷祠), 울진의 신계사(新溪祠), 양구의 서암사(書巖祠), 강릉의 호해정영당(湖海亭影堂), 포천의 요산영당(堯山影堂), 한성의 독충당(篤忠堂) 등에 제향되었다. 시호는 문강(文康)이다.

8. 김원행(金元行, 1702~1772)

조선 후기의 학자이자 문신이며, 자는 백춘(伯春), 호는 미호(渼湖)·운루(雲樓)이고, 본관은 안동이다. 김상헌의 후손으로 아버지는 승지

38 『한국인물유학사』③, 한길사, 1996. 1322쪽 참조.

김제겸(金濟謙)이며, 어머니는 밀양박씨로 이조판서 박권(朴權)의 딸이다. 당숙인 김숭겸(金崇謙)에게 입양되어 종조부 김창협의 손자로 널리 알려졌으며, 이재(李縡)의 문인이다.

김원행

1719년(숙종 45) 진사가 되었으나, 1722년(경종 2) 신임사화 때 본가의 조부인 김창집이 노론 4대신으로 사사되고, 생부 김제겸과 친형인 김성행(金省行)·김탄행(金坦行) 등이 유배되어 죽음을 당하자, 벼슬할 뜻을 버리고 학문에 전념하였다. 이때 온 집안이 귀양하게 되자 어머니의 배소에 따라가 『맹자』·『율곡집』·『우암집』 등을 탐독하였다. 1725년(영조 1) 조부·생부·형 등이 신원된 후에도 시골에 묻혀 살며 학문 연구에만 몰두하였다.

1740년 학행으로 천거되어 내시교관(內侍敎官)에 임명되고, 1750년 위수(衛率)·종부시주부 등에 임명되었으나 모두 부임하지 않았다. 1754년과 1755년에 서연관(書筵官), 사헌부 장령, 1759년 강서원 좌권독(左勸讀), 1761년 공조참의, 그 후 세손찬선(世孫贊善) 등을 모두 사양하고, 1772년(영조 48) 71세로 세상을 떠났다.

『미호전집』에 시문과 잡저 및 단행본으로, 「독서차록」, 「중용문답」,

「중용강설」, 「미호강의」, 「미상경의(渼上經義)」, 「미상록(渼上錄)」, 「미상기문록(渼上記聞錄)」 등이 있다. 학문의 본질은 대개 『대학』과 『중용』으로 하였으며, 주자·율곡·우암을 특히 사모하여 "의리를 밝히려는 사람이라면 율곡과 우암을 버리고 어찌하겠는가"라고 했으며, "주자의 도학을 배우려 할진대 우암을 배우지 않고 어찌하겠는가."라고 하였다.

일찍이 「미상록」에서, "율곡은 생지(生知)에 가깝다" 하고, "정암(靜庵), 율곡(栗谷), 중봉(重峯), 우암(尤庵) 네 선생은 동방의 뛰어난 기운의 결정체이다." 혹은 "후학이 능히 이기설을 말하게 된 것은 율곡의 공이며, 능히 출처의 의를 안 것은 우암의 공이다"고 하였다. "출처의 의(義)는 퇴계에서 오히려 의심스러운 것이 있지만 율곡에서 바르게 됐고, 또 우암에게 전해져서 크게 밝게 되었다" 하고, "우계의 독실적확(篤實的確)은 가장 본받을 만하다."고 하여 그가 얼마나 율곡과 우암을 존경했는지를 알 수 있다. 그는 또 "나는 『우암집』이 모두 의(義)자에서 나온 것을 보았고, 또 『현석집』은 모두가 이(利)자에서 나온 것을 보았다."고 했는데, 이는 그의 학통이 율곡·우암을 근본으로 하고, 박세채·윤증(尹拯) 등 소론을 배격하는 노론가임을 여실히 말해준다고 하겠다.

특히 김원행은 소론 영수인 현석(玄石) 박세채(朴世采, 1631~ 1695)에 대하여 "현석의 그릇이 적은데 사람의 위에서 군림하고자 하는 마음이 있었던 까닭에 저와 같이 낭패를 당하였다"고 했으며, 역시 소론 영수인 명재(明齋) 윤증(尹拯)에 대하여 논평하기를 "군·사·부는 하나이다. 군주를 배신한 사람을 역신이라 하고 부모를 배반한 자를 적자(賊子)라고 한다. 윤증이 스승을 배반한 것도 하나의 반역이다. 세상에서 신축(辛丑)·무신(戊申)의 반역은 윤증이 만든 폐단이니 나는 바로 윤증을 반역자로 삼는다."고 했다. 또 "박세채에 대하여 말하기를, 자네가 현석인 까닭을 아는가? 때에 우암 송시열이 위에 있으나 굽혀서 명령듣기를 싫어하여 이에 감히 따로 문호(門戶)를 세우려고 했으니 이것은 간사한 생각이다. 평생을 그르친 까닭이다."고 했다.[39] 이와 같이 그는 노론과 소론의 당론을 벗어나지 못하였다.

김원행은 1721년과 1722년에 일어난 신임사화로 증조부 김창집과 함께 온 집안이 화를 당했기 때문에 세상일을 단념하고 서울에 가지 아니하였다.

> 선생이 신임년 이후 한 번도 성시(城市)에 들어가지 아니하였다. 일찍이 말하기를 "내 생각은 늘 깊은 산, 인적 없는 골짜기에 있었으나 조상의 산소를 옮기는 일이 있어 을축년에 청주(淸州)로부터 미음(渼陰)으로 내왕했다. 미음이 비록 선조의 자취가 있었지만 서울과 멀지 아니하니 자폐인(自廢人)의 거처에 합당하지 아니하였으니 생각이 늘 즐겁지 못했다. 필경 버릴 수 없었으니 어찌할까나.[40]

---

39 李奎緯 撰,「渼湖先生言行錄」遺事.

신임사화로 인해 김원행은 일생 처사로 산림에 있었다. 송암(松巖) 이재형(李載亨)과 교통이 있었으며 역천(櫟泉) 송명흠(宋明欽)과 함께 도암(陶庵) 이재(李縡)의 문인으로서 김이안·심정진·황윤석·박윤원·오윤상·홍대용 등 저명한 문인들이 그의 문하에 출입하였으며, 그들은 각기 하나의 학파를 이룬 학조(學祖)가 되었으니 학자로서의 위상을 말해준다고 하겠다. 김원행은 일찍이 "나는 『대학』을 6년 동안 공부했고, 『중용』은 수천 번을 읽었다."하고, 다음과 같이 말했다.

> 학문은 별반의 일이 아니다. 민생일용사(民生日用事)에 나아가 배울 것이요, 사정에 어두워서 일상생활에 적용할 수 없다면 참된 학문이 아니다. 옛날 학자는 이러한 실(實)을 안 까닭에 천리(天理)에 밝고, 인심(人心)이 밝았으며 인륜에 질서가 있고, 평화로운 날이 늘 많았다. 후세는 학자가 적으며, 학문도 이름뿐이고, 참된 것을 연구하지 아니하여 당무(當務)에 밝지 못한 까닭에 평화로운 날이 늘 적었으니 이 어찌 학문의 본의리요? 고금을 통하여 천리를 밝히고, 인심을 바르게 하는 것이 곧 치세의 본질이다.[41]

김원행은 학문방법에 대해 "선생의 학문은 지경(持經)을 근본으로

---

40 金相進 撰, 「渼湖先生言行錄」 遺事.

41 金相進 撰, 「渼湖先生言行錄」 遺事.

하였다. 늘 말하기를, 거동이 바르면 물이 바른 것은 이치이다 하고, 또 치지(致知)와 역행(力行)의 경중을 논하면 지는 경하고 행이 중하며, 선후로 논하면 지가 선이고 행이 후이다."[42]라고 하여, 선지후행설(先知後行說)을 견지하였으며, 또 『소학』, 『대학』, 『중용』을 학문의 근본으로 했으며, 제자인 홍대용에게 수양하는 방법에 대해 "학문하는 도리는 치지·거경보다 더 중대한 것이 없다. 반드시 이 마음을 먼저 응정(凝定)하고 난 뒤에 사물의 이치를 궁구하여 살필 수 있다. 『중용』에서 말한, 신사지(愼思之)한다는 것은 치지하는 요법이다. 대개 신지(愼之)라는 말은 정(精)하되 부잡(不雜)하다는 의미이다. 사(思)하는 것이 지나치면 신(愼)이 아니며, 미치지 못한 것도 신이 아니며, 문란하고 지리한 것도 신이 아니고, 급하고 소천한 것도 신이 아니다. 모든 사지(思之)에 불신(不愼)이 있는 것은 모두 이 마음이 확립되지 아니한 과오이다. 정자가 말한 '치지 아니하면 경에 마음을 두지 못한다.'고 한 것을 어찌 믿지 아니하겠는가."[43]라고 하였으며, 또 황윤석에게 "학문하는 요령은 오로지 문자에 의지할 것이 아니라, 단지 이 마음을 일상에서 놓아버리지 않으며, 행동·말·부모 섬김·어른 공경·사람과 접하여 실천한 것이 곧 근본공부이다. 독서에서 또한 의리를 밝힐 것이며, 넓게 보고 바쁘게 읽는 것을 숭상하지 아니한다."[44]라고 하여, 거경궁

42 「渼湖言行錄」 師門聞見錄.

43 『미호집』 권10, 「서」 〈답홍대용〉.

44 『미호집』 권9, 「서」 〈답황윤석〉.

미호 김원행이 말년에 석실서원 강학을 위해 왕래하면서 머물던 삼주삼산각
겸재 정선의 『경교명승첩』에서

리(居敬窮理)의 학문을 주장하였다.

이처럼 김원행은 신임사화 이후 은거하면서 학문에만 몰두하였다. 주지하다시피 그는 조선 후기의 집권 계층인 노론의 혁혁한 가문의 후손으로서 학통을 잇는 존재가 되어 조야(朝野)에 큰 영향력을 미치는 학자의 지위에 올랐다. 또한 당시의 사회는 정치적으로 산림(山林: 학식과 덕이 높으나 벼슬을 하지 아니하고 숨어 지내는 선비)을 중시했는데, 그는 유수한 산림의 한 사람으로 명망을 받았다.

당시의 학문은 송시열을 종장으로 받드는 성리학이 주조를 이루고 있었는데, 그 학파 자체 내에서도 낙론(洛論)과 호론(湖論)의 대립이 있었다. 대립의 발단은 김창협과 권상하(權尙夏, 1641~1721)의 학설에서 시작되었다. 권상하의 제자인 이간(李柬, 1677~1727)은 김창협의 학설을 이어 이재와 함께 낙론의 중심이 되고, 권상하의 제자 한원진(韓元震, 1682~1751)은 권상하의 학설을 이어 호론의 중심이 되었다. 김창협의 손자이자 이재의 문인인 김원행은 자연히 낙론을 지지하는 대표적인 학자로 활동하였다.

그의 사상은 대체로 김창협의 학설을 답습하여 주리(主理)와 주기(主氣)의 절충적인 입장에 서 있었다. 그는 심(心)을 이(理)라고도 하지 않고 기(氣)라고도 하지 않으며, 이와 기의 중간에 처하여 이기(理氣)를 겸하는 의미를 지닌 것으로 여겼다. 이것은 바로 이황(李滉)의 주리설과 이이(李珥)의 주기설을 절충한 김창협의 학설을 계승한 것이다. 특히 김창협의 손자 김원행은 18세기 노론 낙론(洛論)을 대표하는 석실의 대학자였다. 그는 김상헌, 김수항, 김창협, 김원행으로 이어지는 장동김씨 집안의 적통을 계승하여 18세기 학계의 중심이 되었다. 그가 미호(渼湖)에 칩거하자 벗들과 제자들이 다투어 미호를 찾았으며, 그는 서원에 기거하면서 많은 제자들을 배출하였다. 그리고 현재 전해지고 있는 석실서원의 강규(講規)나 학규(學規) 등이 모두 김원행이 서원에서 제자들을 가르치면서 만들어 놓은 규칙들이다. 그의 문하에서는 수많은 학자들이 배출되었는데 이들 중에는 성리학자뿐만 아니라 실학자도 있었다. 대표적인 성리학자로는 김이안(金履安) · 심정진(沈定鎭) · 박윤원(朴胤源) · 이직보(李直輔) · 오윤상(吳允常)을 들 수 있으며, 실학자로는 홍대용(洪大容)·황윤석(黃胤錫) 등이 있다.

그는 1772년 석실서원에서 생을 마감했는데, 「졸기」에 의하면,

> 김원행의 자는 백춘(伯春)으로 안동 사람이다. 충헌공 김창집의 손자인데, 문간공 김창협의 후로 출계하였다. 출생하면서부터 특이한 자질이 있고 기개와 도량이 빼어나니 선배들이 모두 국기(國器)로 허여(許與)하였다. 임인년(1722년) 후부터는 산골에 물러가 살면서 오로지 위기의 학문에 마음을 썼으니, 대개 문간공의 유서(遺緖)를 소술(紹述)한 것이다. 성명(性命)의 근본을 통견(洞見)하고 이기(理氣)의 묘를 깊이 탐구하였는데, 조용히 깊고 깊이 생각하더니 각각 그 극을 이해하였다. 평소에 하는 사업이 평정(平正)·적실(的實)하고, 의리를 변별함이 엄확·명쾌하였다. 이러한 까닭에 한 세상의 유종(儒宗)이 되었고 초선(抄選)이 되어 벼슬이 공조참의·좨주·찬선(贊善)에 이르렀다. 성상의 권우(眷遇)가 융숭하여 정초(旌招)를 자주 내렸는데, 매양 그 정초가 아니면 가지 않는다는 의리로써 사양하며 종신토록 일어나지 않으니, 조야에서 애석하게 여겼다. 이때에 이르러 졸하였는데, 나이는 71세였으며 『미호집』 약간 권이 집에 보관되어 있다.[45]

라고 하여, 김원행을 한 세상의 유종(儒宗)으로 추앙(推仰)했으며, 벼슬

45 『영조실록』 권119, 영조 48년(1772) 12월 30일(경인).

이 내려졌는데도 의리로써 사양하고 종신토록 일어나지 않았다고 하였다. 저서로는 『미호집』 20권이 있으며, 시호는 문경(文敬)이다.

9. 김이안(金履安, 1722~1791)

조선 후기의 학자·문신으로 본관은 안동, 자는 원례(元禮), 호는 삼산재(三山齋)이다. 김상헌의 후손으로 김창협 증손자이자 김원행(元行)의 아들이다.

당대의 대학자였던 아버지에게서 학문을 배워 1762년(영조 38) 학행(學行)으로 천거받아, 민이현(閔彝顯)·김두묵(金斗默)·조림(曺霖) 등과 함께 경연관(經筵官)에 기용되었고, 1781년(정조 5) 충주목사를 지냈으며, 1784년 지평(持平)·보덕(輔德)·찬선(贊善) 등을 거쳐 1786년 좨주(祭酒)가 되었다.

당시 북학파(北學派) 학자 홍대용(洪大容)·박지원(朴趾源) 등과 교유를 맺어 실학에 관심을 보이기도 하였다. 그러나 아버지 문하에 출입하던 성리학자 박윤원(朴胤源)·이직보(李直輔)·오윤상(吳允常) 등과의 교유 속에 전통적 성리학자로 더 알려졌으며, 저서로 『삼산재집(三山齋集)』 12권이 있다. 문집 속에 시(詩)는 202제(題)가 실려 있는데, 주로 북한산, 수락산, 남한산성, 송도, 속리산, 금강산, 단양 일대를 유람할 때 지은 작품이 많고, 차운시(次韻詩)도 많다. 산문 중 서(書)의 내용

김이안

은 대부분 상례(喪禮)나 제례(祭禮) 등의 의문에 관한 문답, 경전에 대한 논변, 음양(陰陽)·심성(心性)·귀신(鬼神) 등 성리설에 대한 것이 많다. 잡저 중에는 문왕을 유리(羑里)에서 구해낸 산의생(散宜生)을 논한 '산의생론(散宜生論)', 융적(戎狄)이 중국을 차지했으니, 이제 우리나라가 중화(中華)가 될 때라고 논변한 '화이변(華夷辨)', 남당(南塘) 한원진(韓元震)이 미발지전(未發之前)의 기질(氣質)의 선악(善惡)을 논하는 것을 비판한 '미발기질설(未發氣質說)', 『역학계몽(易學啓蒙)』과 『중용(中庸)』의 의문을 조목별로 정리한 '기의(記疑)' 등이 실려 있다. 특히 김이안은 〈화이변〉에서 "우리나라가 어찌해서 동국에 처해 있는가?" 하는 물음에 대해,

> 옛날에는 우리를 이(夷)라고 하였다. 그러나 동(東)이라는 것은 태어난 방향으로 바람의 기운이 다르다. 우리는 또 중국과 가까워 해설하는 자는

연(燕)나라와 더불어 성차(星次)가 같은 정동쪽인 인방(寅方)에 해당한다고 하였다. 그렇기 때문에 운기(運氣)가 항상 중국과 더불어 서로 관련이 있으며, 산천과 기후, 토산물을 크게 비교하면 모두 같은데 이는 태어나면서부터 안다. 성인이 설교한 예악과 문물에 미쳐서 번성한 게 같아서 역대로 숭상해서 예의의 나라라고 불렀다. 대저 성기(星紀)를 헤아려 보아도 같고, 산천과 기후, 토산물을 헤아려 보아도 같으며, 사람을 헤아려 보아도 예악과 문물의 번성한 가르침이 같다. 이것이 같으면 저것은 다르다. 그러나 끝내 이(夷)라는 이름을 바꾸지 않은 것은 대개 선왕이 삼가한 것이다. 지금은 또 다른데 이는 무엇 때문인가? 옛날에는 땅을 가지고 화(華)와 이(夷)를 나누었다. 어떤 땅이 동이면 동이(東夷), 어떤 땅이 서면 서이(西夷), 어떤 땅이 남북이면 남이(南夷)와 북이(北夷)라고 하고, 가운데를 일러서 중국이라고 했다. 각자 경계의 한계가 있어서 서로 뛰어 넘을 수 없었기 때문에 우리는 이(夷)가 된 것이다. 지금은 융적(戎狄)이 중국에 들어가 중국의 백성이 되어 그 임금을 임금이라 하고 그 풍속을 풍속으로 여기며, 혼인을 맺어 서로 화친하여 종족의 류가 서로 뒤섞여서 이 땅에서는 이를 분별해서 그 사람을 논할 수가 없다. 그렇다면 오늘의 세상을 당해서 우리가 중화로 돌아가지 않으면 누구이겠는가.[46]

라고 하여, 융적(戎狄)이 중국을 차지한 이상 이제 화이(華夷)의 구별은

46 『三山齋集』 권10, 「華夷辨」(하).

의미가 없고 우리나라가 중화가 될 때라고 하였다. 이러한 화이관은 '지구설에 입각해 모든 나라가 다 중국'이라고 한 그와 동문수학한 홍대용과 일정한 차이가 있다. 특히 김이안은 예학에 관심이 많았다. 그의 『의례경전기의(儀禮經傳記疑)』는 모친상 중에 『의례(儀禮)』를 읽으면서 의문점을 정리하고 자신의 견해를 붙인 것이다.

김이안은 노론의 낙론을 대표하는 김창협의 증손이자 김원행의 아들로서, 평생을 독서와 강학, 유람으로 일관한 그의 저서인 『삼산재집』은 예설(禮說)과 역학(易學), 그리고 성리학 연구 성과를 살필 수 있는 자료이다. 그의 「졸기」에,

> 좨주(祭酒) 김이안(金履安)이 죽었다. 그의 후손을 등용하라고 명하였다. 이안의 자는 정례(正禮)로 고 좨주 김원행(金元行)의 아들이다. 젊어서는 문장으로 과거 시험장에서 이름을 날렸으며, 음직으로 고을 수령이 되어서는 가는 곳마다 청백하고 삼가하여 백성들에게 깊은 사랑을 남겼다. 기품이 청수하고 고결하여 세속의 기운이 없었으며, 일찍이 집안의 학문을 이어 유림의 촉망을 받았다. 만년에 임금의 부름을 받았으나 사양하고 응하지 않았다."[47]

고 하였다. 문집으로 『삼산재집』 12권 6책이 전해지고 있으며, 시호는

47 『정조실록』 권32, 정조 15년(1791 5월 27일(신축).

문헌(文獻)이다.

10. 김창집(金昌集, 1648~1722)

조선 후기의 문신으로 본관은 안동, 자는 여성(汝成), 호는 몽와(夢窩), 좌의정 김상헌의 증손으로, 할아버지는 동지중추부사 김광찬(金光燦)이고, 아버지는 영의정 김수항이며, 어머니는 호조좌랑 나성두(羅星斗)의 딸이다. 김창협·김창흡의 형으로 이른바 노론 4대신으로 불린다.

1672년(현종 13) 진사시에 합격했으나, 1675년 아버지 수항이 화를 입고 귀양가자 과거 응시를 미루었다. 1681년(숙종 7) 내시교관을 제수받았고, 1684년 공조좌랑으로서 정시 문과에 을과로 급제, 정언(正言)·병조참의 등을 역임하였다.

1689년 기사환국 때 아버지가 진도의 유배지에서 사사되자, 귀향해 장례를 치르고 영평(永平)의 산중에 은거하였다. 1694년 갑술환국으로 정국이 바뀌어 복관되고, 병조참의를 제수받았으나 사임하였다. 다시 동부승지·참의·대사간에 임명되었지만 모두 취임하지 않았다.

그 뒤 철원부사를 제수 받았는데, 이 때 큰 기근이 들고 도둑이 들끓어 민정이 소란하자 관군을 이끌고 토평하였다. 강화유수·예조참판·개성유수 등을 역임하고, 호조·이조·형조의 판서를 지냈다. 1705

김창집

년 지돈녕부사를 거쳐 이듬해 한성부판윤·우의정, 이어서 좌의정에까지 이르렀다. 1712년에는 사은사로 청나라에 갔다가 이듬해 귀국, 1717년 영의정에 올랐다. 그는 숙종이 각종 병환에 시달리고 세자가 대리청정을 시작하면서 거의 실권을 장악하고 국정을 운용해 나갔다. 『숙종실록』 후반부와 『경종실록』 초반부를 보면, 일상적인 국사를 대게 김창집의 말을 통하여 임금에게 올라가고 거의 그대로 결재되는 수순이 자주 보인다는 점에서, 국정을 나름 책임감을 갖고 수행하였다고 봐도 무리가 없을 것이다. 숙종이 죽은 뒤 영의정으로 원상(院相 :

나이어린 왕을 보필하던 재상급의 원로 관료)이 되어 온갖 정사를 도맡았다. 경종이 즉위해 34세가 되도록 병약하고 자녀가 없자, 후계자 선정 문제로 노론·소론이 대립하였다.

이 때 영중추부사 이이명(李頤命), 판중추부사 조태채(趙泰采), 좌의정 이건명(李健命) 등과 함께 연잉군(延礽君 : 영조)을 왕세자로 세우기로 상의해, 김대비(金大妃: 숙종의 계비)의 후원을 얻었다. 이에 경종의 비(妃) 어씨(魚氏)와 아버지 어유구(魚有龜), 사직(司直) 유봉휘(柳鳳輝) 등의 격렬한 반대가 있었으나 결국 실행하였다.

1721년(경종 1) 다시 왕세제의 대리청정을 상소해, 처음에 경종은 크고 작은 정사(政事)를 세제(世弟)에게 맡길 것을 허락했으나 소론의 격렬한 반대로 실패하였다. 수개월 후 소론의 극렬한 탄핵으로 노론이 축출되고 소론 일색의 정국이 되었다. 곧 이어 소론의 김일경(金一鏡)·목호룡(睦虎龍) 등이 노론의 반역 도모를 무고해 신임사화가 일어나자, 거제도에 위리안치되었다가 이듬해 1722년 성주에서 사사되었다. 『경종수정실록』에 의하면,

> 김창집은 침착하고 굳세어 대절(大節)이 있었다. 젊어서 을과(乙科)로 급제(及第)하여 숙종 말년에 영의정에 임명되었다. 경종(景宗) 원년에 대신(大臣)들이 저사(儲嗣)를 세우려고 의논할 적에 김창집을 시민당(時敏堂)에서 불러 보았는데, 그 자리에서 대비(大妃)에게 아뢰어 국본(國本)을 정할 것을 청하니, 경종(景宗)이 허락하였다. …… 김창집의 대절(大節)은 옛

날의 명신(名臣)이라 할지라도 따를 수 없다. 세상에서는 모두 영종(英宗)이 저위(儲位)에 오른 것을 김창집의 공로라 하고 있다. 그러나 신은 정유년(丁酉年, 1717) 독대(獨對)가 있은 뒤 인심이 의구(疑懼)스러운 때를 당하여 김창집이 입대(入對)해서 동궁(東宮)에게 대리시켜야 한다는 의논을 진달하였기 때문에 김창집이 경종(景宗)을 보우(保佑)한 그 공은 더욱 크다고 여긴다. 『실록(實錄)』의 구본(舊本)에는 '이이명 · 김창집이 패몰된 뒤에 성궁(聖躬)이 편안해졌다.' 했으니, 또한 거짓이 아니겠는가?[48]

라고 하여, 노론에서는 "그는 대절(大絶)이 있었다." "그의 충성심은 비할 바가 없다."고 하여 극구 찬양했지만, 소론에 의해 편찬된 『경종실록』에서는 "김창집은 사람됨이 거칠고 사나우며 어리석고 학식이란 전혀 없었다." "현관 요직을 두루 거치며 권세를 탐하고 성색으로 호사를 누리며 조금도 화를 입은 자제로서 생각하지 않고 제멋대로였다."는 등 원색적인 비난이 실려 있어 그에 대한 평가 역시 당론에 따라 극명하게 엇갈렸다.

1724년 영조 즉위 후 관작이 회복되었으며 영조의 묘정(廟庭)에 배향되었다. 영조 때 과천에 사충서원(四忠書院)을 세워 이이명 · 조태채 · 이건명과 함께 배향했으며, 정조가 왕세손으로 있던 1771년 김창집의 문집을 열람하고 〈몽와유고를 열람하고 읊다〉의 소서(小序)에서

48 『경종수정실록』 권3, 경종 2년(1722) 4월 18일(임신).

여주시 대신면 초현리 소재, 김창집의 묘 ©윤종일

"몽와(夢窩)는 충헌공(忠獻公) 김창집(金昌集)의 호이다. 그는 신축년 건저(建儲) 때를 당해서 국세(國勢)를 태산 반석(盤石)처럼 편안하게 만들고 끝내 자신은 죽음을 당하면서도 뉘우침이 없었으니, 그 아름다운 절조와 위대한 공적은 일성(日星)과 빛을 겨룰 만하다. 지금 그 문집(文集)을 보니, 마치 그 사람을 보는 것 같아서 이에 절구(絶句) 한 수를 권수(卷首)에 기록하여 광세(曠世)의 감회를 부치는 바이다."라고 하고 이어 시를 짓기를

家傳舊學是貞忠 집안에 전한 옛 학문이 바로 정충이라서

宗社扶來不有功 종묘사직 붙들고도 공으로 여기지 않았네.
一死鴻毛如樂赴 한 번 죽음 가벼이 여겨 즐거이 임했으니
當時四老即同躬 당시에 네 노대신이 바로 몸을 함께 했다오.[49]

라고 하여, 김창집이 노론사대신의 한 사람으로 정충(貞忠)과 가학의 연원을 이어받아 신임옥사 때 종묘사직을 굳건하게 하고 끝내 죽음을 맞이한 절의와 공적을 높이 칭송하였다. 사충서원 외에도 석실서원과 거제의 반곡서원(盤谷書院)에 배향되었으며, 저술로는 『국조자경편(國朝自警編)』·『몽와집』 등이 있다. 시호는 충헌(忠獻)이다.

11. 김조순(金祖淳, 1765~1832)

조선 후기의 문신으로 본관은 안동(安東), 초명은 낙순(洛淳), 자는 사원(士源), 호는 풍고(楓皐)로 영의정 김창집의 4대손이며, 할아버지는 김달행(金達行)이고, 아버지는 부사 김이중(金履中)이며, 어머니는 신사적(申思迪)의 딸이다. 순조의 장인이다.

김조순의 안동김씨 집안은 조선후기 주전파로 불리는 청음 김상헌을 배출한 이래 김수항과 김창집 부자가 연이어 영의정을 지내면

49 『弘齋全書』 권2, 「춘저록(春邸錄)」2 시(詩).

서 노론의 핵심적 가문이 되었고, 서울 북촌 자하동(紫霞洞)에 세거하여 '장동김문(壯洞金門)'이라 불리는 경화거족(京華巨族)이 되었다. 김상용과 김상헌이 순절함으로써 인조대 이후 이미 이 집안은 대명의리론과 주자학적 절의의 한 상징이 되었다. 숙종대 정쟁과정에서 노론의 영수였던 김수항이 죽임을 당하고 경종대에는 그 장자 김창집이 노론 사대신의 한 사람으로 신임옥사에 죽임을 당하면서 영조대 이후 노론 주도의 정국에서 최고의 명문으로 등장하였다.

더구나 이 집안에서는 김상헌 이후 대대로 학자를 배출했으며 특히 김수항의 여섯 아들 가운데 김창협과 김창흡이 송시열과 이단상의 학문을 계승하고, 숙종대 후반 이후 조선학계와 문단을 서울 중심으로 이끌어가는 주도적 역할을 담당하였다. 그리고 이들의 후예들인 김원행(金元行)과 김양행(金亮行)이 산림학자로서 노론정파와 노론학계를 지도하는 등 서울과 인근 지역 경화(京華) 학계의 핵심이 되었으며, 호락논쟁(湖洛論爭)을 벌일 때 낙론(洛論)을 이끄는 핵심 세력이 되어 집안의 학문적 명성을 더욱 높혔다.

특히 김조순의 부친인 김이중(金履中)은 자연스럽게 숙부인 산림 김원행의 문하에 나아가 수업하였으며, 서울 생활을 통해 연암(燕巖) 박지원(朴趾源) 등과 친교를 맺기도 하였다. 그러나 영조대 후반 이후 경화학계가 활성화 되면서 서울과 인근 지역의 경화사족 사이에서는 산림의 후예라 하더라도 산림에 나아가지 않고 서울에서 생활하면서 경화사족의 학자로부터 학문을 전수받는 경우가 많았다.

김조순

김조순은 김창협과 김창흡 이래 문학을 중시하는 학풍과 김원행으로부터 낙론 주자학풍이 가학으로 계승되었으며, 또한 산림의 후예로서 서울의 도시적 생활을 토대로 형성해간 새로운 사상과 여기서 배태된 북학사상에 공감하는 새로운 사상적 경향성이 있었다. 게다가 규장각의 관료학자로서 누리게 된 폭넓은 학문적 환경, 그리고 28세에 청년 학자로서 가졌던 연행의 남다른 경험은 이러한 경향성을 더욱 강화하면서 이후 그의 학문에 큰 영향을 끼쳤던 것이다. 김조순은 가학의 전통위에 이사문(李思問)으로부터 학문적 감화와 김홍운(金弘

運)의 시문을 지도 받아 정조(正祖)의 청론 수용책에 부응하여 자연스럽게 과거를 통해 관료의 길을 밟아갔다.[50]

1785년(정조 9) 약관에 정시 문과에 병과로 급제하여 검열(檢閱)이 되고 이어 초계문신(抄啓文臣)으로 발탁되어 강원도·황해도·함경도 지방의 수령·찰방 중에 겸사(兼史) 1명을 두어 그 지방의 민요와 풍속을 채록해 시정기(時政記)에 수록하자는 의견을 건의, 실시하였다.

1788년 규장각의 대교(待敎) 때 당시 시·벽파(時僻派) 싸움에 중립을 지키며 당쟁을 단호히 없앨 것을 주장하였다. 그는 시벽의 당파나 세도의 풍을 형성하지 않으려고 노력했음에도 불구하고, 그를 둘러싼 척족 세력들이 후일 안동김씨 세도정치의 기반을 조성하는 결과를 초래하였다. 1789년 동지 겸 사은사의 서장관으로 청나라에 다녀왔고, 이어 이조참의·검교(檢校)·직각(直閣)을 거쳐 1800년 보덕(輔德)에 제수되었다. 그는 어릴 때부터 기량과 식견이 뛰어났으며 성격이 곧고 밝아서 정조의 사랑을 받았다. 왕세자의 보도(輔導: 보필하여 인도함)를 맡았고, 국구(國舅)가 된 뒤로는 왕을 보필해 군덕(君德)을 함양시키는 일에 진력하였다.

순조 즉위 후 부제학(副提學)·행호군(行護軍)·병조판서·이조판서·선혜청제조(宣惠廳提調) 등 여러 요직이 제수되었으나 항상 조심하는

50 유봉학, 「楓皐 金祖淳 연구」, 『한국문화』 제19집, 서울대 규장각 한국문화연구원, 1997, 253-257쪽 참조.

이천시 부발읍 가좌리 소재, 김조순의 묘 ©윤종일

태도로 사양하는 것으로 보아 권세를 누리기 위해 노력한 인물은 아니었음을 알 수 있다. 1802년 양관 대제학 등을 거쳐 딸이 순조의 비[純元王后]가 되자 영돈녕부사(領敦寧府使)로 영안부원군(永安府院君)에 봉해지고, 이어 훈련대장·호위대장 등을 역임하였다. 또한, 선혜청제조로 있을 때 수효가 적은 친위병을 철폐된 장용영(壯勇營)의 군사로 충당하도록 하였다.

1814년 금위대장, 1826년 양관 대제학이 되고, 1827년 왕의 관서지방 목욕 행차를 호종했다가 서하(西下) 지방의 민간 실정을 은밀하게 보고해, 경외(京外) 각 아문의 절미(折米)·형정(刑政)·인사(人事)·

대동미 등 어려운 실정을 정리하게 하였다. 그 뒤 실권이 있는 직책은 맡지 않고, 제조직과 영돈녕부사로 있다가 죽으니, 순조는 매우 애통해 했다.

> 애통하고 애통하다. 이것이 웬일인가? 기억하건대, 지난 경신년(1800)에 영고(寧考)께서 소자의 손을 잡고 말씀하시기를, '지금 내가 이 신하에게 너를 부탁하노니, 이 신하는 반드시 비도(非道)로 너를 보좌하지 않을 것이다. 너는 그렇게 알라.'라고 하셨는데, 어제의 일과 같아 아직도 귀에 쟁쟁하다. 보위(寶位)에 오른 지 30여 년 동안 보필의 중요한 자리를 맡겼던 것은 왕실의 가까운 척친(戚親)이었던 까닭만은 아니었다. 오직 그는 부지런하고 충정(忠貞)하며 한결같은 마음으로 왕실을 위하여, 안으로는 지극한 정성으로 힘을 다해 나를 올바르게 돕고 밖으로는 두루 다스리어 진정시켜 시국의 어려움을 크게 구제하였으니, 국가가 오늘날이 있도록 보존한 것이 누구의 힘이었겠는가? 참으로 선왕(先王)께서 부탁하여 맡기신 성의(聖意)를 저버리지 않은 소치(所致)인데, 이제는 끝났다. 내가 애통해 하는 것 이외에 나라의 일을 장차 어디에 의뢰하겠는가? 생각이 이에 미치니, 물을 건너는데 노[楫]를 잃은 듯하다. 졸한 영안 부원군(永安府院君)의 집에 동원부기(東園副器) 한 벌을 실어 보내고 승지를 보내어 고독함을 구휼하게 하라. 성복(成服)하는 날에는 승지를 보내 치제(致祭)하도록 하고 역명(易名)의 전례(典禮)를 태상시(太常寺)로 하여금 시장(諡狀)을 기다리지 말고 즉시 거행하게 하며, 녹봉(菉俸)은 3년을 한정하여 그

대로 보내고 예장(禮葬) 등의 절차는 각 해당 부서로 하여금 전례에 의하여 거행하도록 하라."

이어 사관(史官)은 그를 다음과 같이 평가하였다.

김조순은 충헌공(忠獻公) 김창집(金昌集)의 현손(玄孫)이며 명경왕비(明敬王妃)의 아버지이다. 용의(容儀)가 뛰어나게 아름답고 기국(器局)과 식견이 넓고 통달하여 어릴 때부터 이미 우뚝하게 세속(世俗) 밖에 뛰어났으며, 젊어서 과거에 급제하고는 오랫동안 가까이 모시는 반열에 있으면서 공평하고 정직하여 숨김이 없음으로써 정묘(正廟)의 깊이 알아줌을 받아 특별히 뒷날 어린 왕을 보좌하는 책임을 부탁하게 되었다. …… 오직 성궁(聖躬)을 보호하고 군덕(君德)을 성취하며, 정의(精義)를 굳게 지키고 선류(善類)를 북돋아 보호하는 일로써 한 부분의 추모하여 보답하는 방도를 삼았기에, 우리 태평성대의 다스림을 돈독히 도울 수 있었다. 이에 조야(朝野)에서 모두 화협하여 이르기를, '군자(君子)의 뛰어난 덕(德)이라'고 하였으니, 문장(文章)의 세상에 뛰어남은 그 나머지 일이었다. 그러나 본래 성격이 인후(仁厚)함에 지나쳐 인륜(人倫)을 돈독(敦篤)히 닦았으므로 그 미침이 더러 범박(泛博)에 이르렀으며, 또 언행(言行)으로서 삼가고 조심함이 지극하여 일이 순상(循常)함이 많았으니, 대개 공업(功業)을 자처하지 않았었다. 뒤에 조정의 의논으로 인하여 정조[正宗]의 묘정에 추배(追配)하였다.[51]

좌로부터 석실서원묘정비, 취석비, 송백당유허비 ©김준호

이처럼 그는 '기국과 식견이 넓고 통달한 것'은 물론 '군자(君子)의 뛰어난 덕(德)'을 가지고 있었으며, 문장(文章)으로도 이름이나 비명·지문·시책문·옥책문 등 많은 저술을 남겼으며, 죽화(竹畵)도 잘 그렸다. 저서로 『풍고집(楓皐集)』이 있다. 정조의 묘정에 배향되었으며, 양주의 석실서원, 여주의 현암서원(玄巖書院)에 제향되었다. 시호는 충문(忠文)이다.

---

51 『순조실록』 권32, 순조 32년(1832) 4월 3일(기묘).

제 6 장
석실서원의 입지와 주변 형상

1. '석실'의 지명 고증

석실서원 명칭의 유래를 정확히 고증하기 위해서는 우선 '석실(石室)'이라는 지명을 고찰해 볼 필요가 있다. 현재 '석실'은 두 지역을 지칭하는 지명으로 통용되고 있다. 즉 와부읍 덕소 5리의 안동김씨 분산(墳山)이 있는 곳과 수석동 미음 1통 지역이 모두 '석실' 마을로 불리고 있는 것이다.

먼저, 덕소 5리의 '석실'은 안동김씨 누대의 세거지로 석실서원묘정비(石室書院廟庭碑), 송백당유허비(松栢堂遺墟碑), 도산석실려(陶山石室閭) 입석(立石), 취석비(醉石碑)가 위치하고 있다. 일부 연구자들은 이와 같은 유적들을 근거로 이 지역을 석실서원 유지(遺址)로 비정하기도 하였다.

석실 지명과 관련하여 주민들의 증언은 크게 세 가지로 나누어진다. 먼저 이 지역은 원래 석실마을은 아니었는데, 석실서원이 훼철되고 묘정비가 이곳으로 옮겨진 이후 석실로 불리게 되었다는 주장[01]이 있다. 이에 의하면, 이 지역의 명칭이 원래 적실(賊室)이었는데, 묘정비를 이건한 후 석실로 개칭하게 되었다는 것이다. 다음은 김상헌이 이곳 적실은 돌이 많으므로 석실로 고쳐 부르는 것이 좋다고 하여 그 후로 석실로 호칭하였다는 설이다.[02] 또 다른 증언에 의하면 일제시기 지명을 정리하면서 적실이 석실로 바뀌었다고도 한다.[03] 다소 특이한 견해로는 석실서원이 사액서원으로 승격될 때 김상헌의 선산이 있는 석실촌 원터에서 미음촌으로 이건되면서 또 하나의 석실이 생기게 되었다는 주장이 있다.[04] 그러나 묘정비 등 각종자료에 의하면 석실서원이 처음부터 한강변 세운내 지역에 건축된 것으로 기록되고 있어 이같은 견해는 사실과 부합되지 않음을 알 수 있다.

한편 수석동 미음 1통에 위치하고 있는 석실마을은 석실서원이 건립된 이래 서원의 영향으로 널리 알려진 지명이다. 현재의 행정명칭인 수석동은 한말의 수변리(水邊里)와 석실리(石室里)의 명칭을 따서

---

01 이런 내용을 증언해 주신 분은 수석동 49번지에 살고 있는 李在赫씨로 1998년 당시 79세 되신 분이다.

02 경기도, 『지명유래집』, 문화공보담당관실, 1987. 225쪽.

03 이러한 설명은 《경인일보》 1993년 9월 4일자 16면에 「옛자취를 찾아 - 渼金石室書院 -」이라는 특집호의 내용에 기술된 것으로 당시 주민들의 증언을 채록정리 한 것이다.

04 최완수, 『석실서원」 『겸재 정선 진경산수화』, 범우사, 1993, 102쪽.

만들어진 통합 행정구역이다. 고산자 김정호가 제작한 1869년경의 동여도(東輿圖) 등 고지도에는 덕소리의 석실은 표기되어 있지 않고 수석동의 석실만 보이고 있다. 반면에 일제가 명치년간과 대정년간에 걸쳐 제작한 두 종류의 지도에는 양쪽의 석실이 모두 표기되고 있어 혼돈을 일으키고 있다. 이와 같이 주민들의 증언이나 자료에 보이는 명칭이 상충되고 있는 것이 현실이다.

그런데 조사결과 두 지역이 모두 석실로 호칭된 데에는 일련의 과정이 있었던 것으로 판명되었다. 다음의 자료들은 그같은 과정을 해명해 주고 있다.

취석비(醉石碑) 후면의 「도산정사기(陶山精舍記)」를 보면 우암(尤庵) 송시열(宋時烈)의 설명이 기록되어 있다. 즉 덕소리 석실의 원 지명은 적실(賊室)이었는데 김상헌에 의해 석실(石室)로 개칭되었다는 것이다. 또 석실은 '김상헌이 조정에서 물러나 살던 곳이다'라는 『인조실록』의 기사나 양주의 석실 별서(別墅)에서 죽었다는 『효종실록』의 기사[05]를 볼 때도 김상헌 생존 시에 이미 덕소리 소재 안동김씨 세거지(世居地)를 석실로 지칭하였음을 알 수 있다. 김수증의 『석실잡록(石室雜錄)』에는 석실산(石室山)의 형상에 관한 설명이 기록되어 있으며, 『현종실록』의 석실산, 송시열의 「열천명(洌泉名)」의 석실산 등 다수의 석실 명칭이 덕소리의 석실을 가리키고 있는 것으로 보아 수석동 석실이 덕

05 『효종실록』 권8, 효종 3년(1652) 6월 25일(을축).

소리 석실보다는 후대에 붙여진 지명으로 추정되며 따라서, 세운내의 본래 명칭이 석실은 아니었던 것은 거의 명백한 것으로 보인다. 김상헌 생존시에 이미 석실산인(石室山人)으로 자호(自號)하였으므로 그의 사후 사우(祠宇)의 명칭을 석실사(石室祠)로 정하였던 것으로 판단된다. 그런데 석실 지명은 송시열의 기록과 달리 김상헌이 작명한 것이 아닐 가능성도 있다. 석실이 지명으로도 사용되었지만 주로 안동김씨 선영이 있는 석실산을 지칭하는 사례가 많은 것으로 볼 때 산의 이름이 지명화 되었을 개연성이 없지 않다. 김상헌의 구거(舊居)를 표현하면서 '석실산전서옥(石室山前書屋)'이니, '송백당재석실산중(松栢堂在石室山中)'이라 기록한 것도 그 증거의 하나로 볼 수 있다.

한편 서원이 설립된 이후 수석동 소재 석실이 널리 알려지게 되면서 세인들은 주로 석실서원 지역을 석실로 지칭하게 되었다. 송시열도 두 곳을 분간하기 위하여 서원지역을 '석실'로, 원 석실을 '도산석실(陶山石室)'로 호칭하고 있는 것이다. 석실서원의 건립 이후 원래의 석실은 '도산' 또는 '도산석실'로 불리는 경향을 보이고 있었다. '도산'이란 지명은 도혈리(陶穴里), 도씨리(陶氏里)와 함께 이전부터 통용되고 있었지만 서원 건립 이후 자연스럽게 도산석실(陶山石室), 도산정사(陶山精舍), 도산재사(陶山齋舍), 도산초당(陶山草堂), 도산석정(陶山石井) 등 도산의 지명을 선호하게 된 것이다. 역으로 서원 지역에는 석실 명칭이 확산되어 나갔다. 서원 배후의 산을 석실봉 또는 석실산으로, 원촌(院村)의 지명을 석실로 부르는 등 석실은 서원내를 가리키는 것으로 일반화하고 있었다. 이런 역사적 연유로 하여 '석실' 지명에 많은 혼란이 야기되었다고 여겨진다.

2. 석실 안동김씨 집성촌 유래

안동김씨 일문이 경화거족으로 변모하는 시기는 김상헌의 증조부인 김번(金璠) 때라 볼 수 있다. 김상헌의 고조부대까지 이 가문은 안동 풍산현(豊山縣)에 세거 하였으며, 입경 이후에도 풍산의 구거(舊居)는 계속 유지되었다. 김상헌이 호란 이후 일시 기거하였던 풍산 구가인 청원루(淸遠樓)가 바로 그것이다.[06] 입경조인 김번은 평양서윤을 지냈으며, 백악(白岳) 밑의 현 궁정동에 집터를 마련[07]함으로써 장동김씨 일가를 이루게 되었다. 이후 장동은 김번 가계의 중심이 되는 경제(京第)로 기능하였다.

반면 와부의 석실은 안동김씨 일문의 별서(別墅)가 있는 곳으로, 별서란 별업(別業)으로 불리기도 하는데, 사대부들이 주로 자신들의 전장(田庄)이 있는 곳에 설치한 농사(農舍) 혹은 저택 등을 지칭하는 용어이다. 사환(仕宦) 시에는 경저(京邸)에 거주하고 퇴귀(退歸) 시에는 별서에서 거주하는 것이 일반적이다. 안동김씨 일문은 석실 마을을 비롯

---

06 『安東金氏文獻錄』 首編, 「京鄕三派卜基故實記」.

07 『安東金氏文獻錄』 甲編 卷之伍, 「文正公府君」一, 遺事.

한 기전(畿甸) 일대에 다수의 장토(庄土)를 소유하고 있었던 것으로 확인되는 데, 그 중 한곳인 석실에 별서를 마련하였다.[08] 석실이 안동김씨의 세거지가 된 계기는 입경조인 김번을 석실에 장사지낸 일이다.

김상헌의 조부인 신천(信川) 군수를 지낸 김생해(金生海)가 아버지 김번의 묘 아래에 병사(丙舍)를 건축하고 머무르게 된 것이 석실에 안동김씨 집성촌이 형성되는 유래가 되었다.[09] 여기 병사란 망고정(望考亭)의 의미를 지니고 있으며, 재사(齋舍)와 정사(精舍)의 기능을 함께 하는 가옥을 지칭한다. 이후 김번의 묘가 있는 석실산은 안동김씨의 분산(墳山)이 되었으며, 석실산록은 김번 가계의 누대 세거지로 정착하게 되었다. 삼가현감을 지낸 김상헌의 양부 김대효(金大孝)의 부인도 1사(舍)를 건축하였으며, 그 후 병사 건물은 기폐(起廢)를 거듭하였다. 김상헌이 옛터에 사당을 중건하였으며, 인근에 거소인 송백당(松栢堂)도 마련하였다. 송백당을 비롯한 김상헌의 구거(舊居)는 선비의 거소로 손색이 없는 단아한 정경이었을 것으로 짐작된다. 돌 언덕에 위치한 누 2칸, 방 2칸, 대청 1칸의 건물과 소나무와 개오동나무가 어우러진 송백당과 3칸 초옥을 소나무로 울타리를 둘렀으며, 싸립문을 나서면 외부에 또 하나의 초옥이 있는 정겨운 모습이었던 것으로 묘사되고 있다.[10] 김상헌은 이곳 석실을 매우 사랑하여 심양에 억류되어

---

08 『安東金氏文獻錄』 附 「石室雜錄」.

09 『安東金氏文獻錄』 甲編 卷之伍, 「文正公府君」一, 遺事.

10 『安東金氏文獻錄』 甲編 卷之伍, 「文正公府君」一, 遺事.

있을 때에도 석실에 대한 그리운 마음을 시로 남겨놓고 있다. 송백당을 포함한 석실정사는 김상헌의 사손(嗣孫) 김수증(金壽增)이 구제에 의거 중수하여 상당기간 유지되었던 것으로 보인다.

석실에는 김상헌의 구거 외에도 그의 아들인 김광찬(金光燦)을 향사하기 위한 도산정사(陶山精舍)도 세워졌다. 이 석실정사와 도산정사는 선영과 함께 안동김씨 일문의 상징이 되었으며 이를 중심으로 집성촌의 형성을 보게 되었던 것이다. 이를 김문일가의 도표로 나타내면 다음과 같다.

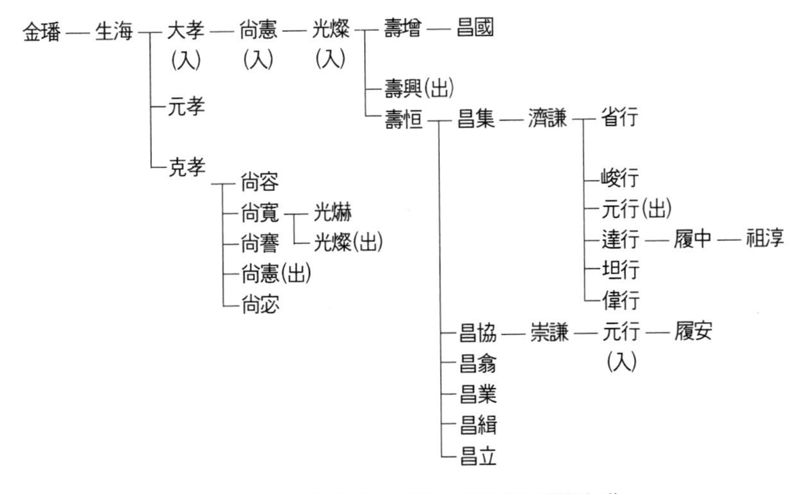

〈장동김씨 가계도(굵은 글씨는 석실서원 배향인물)〉

3. 서원지역 개관 및 위치비정

석실서원 유지(遺址)는 남양주시 수석동 미음 1통 세운내에 남아 있다. 이 지역은 배산임수(背山臨水)의 정통적 지리관에 부합하는 지형지세를 보여준다. 촌락은 배후 3면이 산으로 둘러싸인 아늑한 양지에 위치하고 있으며, 동남 방면으로 한강을 접하고 있다. 촌락으로 진입하는 길은 서울-양평간 국도에 연결된다.

조선시대 서원지역과 외부를 연결해 주는 통로는 두 곳이었던 것으로 추정된다. 평구역(平邱驛)을 지나는 역로(驛路)가 근처를 지나고 있었으며, 석실서원 뒤편 동북쪽 토미재[11]를 넘으면 마음나루에 닿을 수 있었다. 김상헌의 증손인 김창협을 비롯한 후손들이 미음의 삼주삼산각에 기거하면서 이 고개와 수로를 이용하여 석실서원을 왕래하면서 강학을 하였던 것으로 알려지고 있다. 미음 2통에 위치하고 있는 미음나루는 수로로 서울과 연결되며 하남 선리나루와 대안(對岸)을 이루고 있다. 석실서원은 이렇게 교통의 요충지에 자리 잡고 있어 사대부들의 왕래가 빈번하였으며 능행시에도 연로에 위치하고 있는 연유로 국왕이 직접 치제를 명하는 사례가 많았다.

서원 주변 지역의 생리(生利)는 미약할 수밖에 없었던 것으로 보인

---

11 토미란 수석동 토성을 가르키는 것으로, 토미재는 테뫼식 토성을 지나는 고개라는 의미로 추정된다.

다. 서원 택지(擇地) 시에 경승(景勝)을 위주로 하였기 때문이다. 서원 일대가 협소한 산곡이어서 영산(營産)에 유리한 곳은 아니었다. 원촌(院村)의 거민(居民)들은 주로 서원의 잡역을 맡아보면서 부근 서원 부속의 전답을 경작하거나 어로(漁撈) 등을 통하여 생계를 도모하였던 것으로 추측된다.

서원이 위치한 수석동 일대는 선사시대부터 거주지가 형성된 곳으로 신석기 시대에서 청동기 시대에 걸치는 주거 유적이 발굴조사에 의해 확인된 바 있다. 또한 이 지역은 미사리 유적과 대안을 이루고 있어 일찍부터 왕래가 이루어졌음을 알 수 있다. 이러한 입지조건은 이 지역 일대가 한강변의 요충지였음을 반증해 준다. 부근 백제시대의 수석리 토성이 좋은 실례가 될 것이다.

한강은 와부읍 덕소리 경계에서부터 세운내 앞을 굽이쳐 돌아 나가면서 소(沼)를 만들고 있다. 따라서 수석동측 강안은 활발한 침식작용에 의해 석애(石厓)가 발달하고 있으며 반면에 대안인 미사리 일대에는 광대한 퇴적층이 형성되어 고대로부터 농경지로 활용되었다. 세운내를 중심으로 좌측에는 홍유천이 모장끝산을 돌아 한강으로 흘러들면서 절벽과 수목이 어우러진 아름다운 경관을 이루고 있으며, 이 지점에서 한강의 강폭이 크게 넓어져 호수와 같다하여 미호(渼湖)란 이름으로 널리 알려졌다.

석실서원터로 현재 알려진 곳은 세운내의 서북쪽에 있는 토미재 산기슭이다. 일부 연구자는 덕소리 석실에 묘정비가 있는 사실을 근거로 석실서원의 위치를 추정하였으나, 1930년대경 수석동에서 덕소리로 묘정비를 이건하였다는 증언이 확실한 만큼 이러한 견해는 전혀 타당하지 않은 것으로 판단된다.

먼저 서원의 위치를 고증할 수 있는 문헌자료를 검토해 보면 묘정비의 기록에 "선생이 이미 세상을 떠나자, 중외의 선비들이 선생의 옛집 옆 큰 강가에 사당을 세우고, 선생의 백씨 선원 선생도 난리에 임하여 정성껏 세교(世敎)를 부호(扶護) 했다 하여, 여기에 아울러 신패(神牌)를 받들어 오른쪽에 배향하였는데, 대체로 갑오년(효종 5, 1654년) 5월에 사당을 짓기 시작하여 병신년(효종 7, 1656년) 12월 14일에 배향을 마쳤다."라고 되어 있는데, 김상헌 옛집 근방 큰 강은 한강(漢江)임이 확인되고 있고, 그 외 다수의 시문에서도 동일한 내용을 찾아볼 수 있다. 일단 수석동 세운내 지역이 전래 지명과 고지도 분석, 문헌 자료에 의거 서원터임이 확정적임을 밝혀둔다.

그런데 세운내 지역에서의 정밀한 서원 위치 비정에는 상당한 어려움이 따른다. 앞서 지적한 바와 같이 서원 훼철이 체계적으로 이루어졌기 때문에 서원터가 완전히 교란되어 정확한 위치 비정에 장애가 되고 있다.

조사 분석 결과 대체로 두 가지 가정으로 정리되었다. 먼저 마을 어른들의 증언에 따라 1997년에 경기도에서 설치한 표석이 위치한 곳을 상정해 볼 수 있다. 이 지역은 구전(口傳)이지만 증언이 일치하고 묘정비의 원 위치와 조화를 이룬다는 점에서 서원터로 유력하게 거론

되고 있다. 그러나 지형이 가파르고 여러 채의 건물이 들어설 입지가 아니라는 점 등이 이 견해의 단점으로 지적 될 수 있다.

다른 가정은 그 후면 골짜기에 위치한 평탄한 밭을 서원터로 비정하는 것이다. 이 지역은 다수와 와편과 백자 제기편이 발견된 곳으로 인공적으로 조성된 듯한 단이 배후에 있고 우물 위치, 고직사터와도 연계성이 강해 보인다. 반면에 묘정비와 거리가 멀고 주민들의 증언이 매우 구체적이라는 점에서 설득력이 떨어지고 있다.

잠정적인 결론이지만 현재로서는 전자의 위치비정이 보다 유력해 보인다. 고로(古老)들의 증언이 양주조씨 사당인 영모재 뒤편 67번지를 서원 유지로, 우물 위쪽 53번지를 고직사터로 지적하는 등 매우 상세하고, 겸재 정선의 석실서원도에 그려진 건물 위치가 능선부분으로 추정되는 등 방증이 비교적 풍부하기 때문이다.

4. 서원의 구조

석실서원을 고증하는데 있어 가장 중요한 자료중의 하나가 겸재(謙齋) 정선(鄭敾, 1676~1759)의 『경교명승첩(京郊名勝帖)』 중의 「석실서원」 그림이다. 이 그림은 강 위에서 바라본 경치를 부감법(俯瞰法)으로 그린 것으로 석실서원 주변의 풍광이 묘사되어 있다. 정선은 진경산수화(眞景山水畵)의 대가로 사실적 기법을 사용하였으므로 이 그림을 정확히 분석하면 석실서원의 위치, 건물양식, 규모를 밝히는데 크게 참

석실서원, 겸재 정선의 『경교 명승첩』에서

고가 될 것으로 생각된다. 『경교명승첩』은 정선이 64세 때인 1740년 겨울부터 1741년 초 여름까지 그린 그림들을 하나의 화첩에 묶은 것이다. 상·하 두 책으로 현재 간송미술관에 보관되어 있다.

한강을 따라 그 주변의 풍경을 그린 것으로 경기 지역을 대상으로 그린 것은 「녹운탄(綠雲灘)」, 「독백탄(獨栢灘)」, 「우천(牛川)」, 「석실서원(石室書院)」, 「삼주삼산각(三洲三山閣)」이 있다. 정선이 「석실서원」과 「삼주삼산각」을 그리게 된 것은 안동 김씨 일문과의 깊은 교분에서 연유하였다. 그는 김창집의 도움으로 관로에 진출하였으며, 김수항의 여섯 아들인 '육창(六昌)' 그 중에서도 특히 김창흡의 영향을 많이 받았던 것으로 알려져 있다. 김창흡은 그 형인 김창협과 함께 진경문화의 배양에 크게 기여하였다. 진경시문학의 이병연(李秉淵), 진경산수화의 정선, 인물 풍속화의 조영석(趙榮祏) 같은 대가들이 모두 김창흡 형제들에게서 직·간접적인 영향을 받으면서 자신들의 기예를 성숙시켜 나갔던 것이다. 석실서원은 이들의 근거지의 하나이자 진경문화의 산실이었던 셈이다.

석실서원도는 석실서원을 추정 복원할 겨우 가장 구체적인 자료가 될 것으로 평가된다. 그림 왼쪽의 미호(渼湖)는 화제(畵題)이다. 미호는 석실서원 및 삼주삼산각과 미사리 사이의 호수처럼 보이는 한강을 지칭하는 것으로 동호(東湖)와 서호(西湖)와 함께 도성 부근의 경승으로 유명하다. 석실서원에 추배된 김원행의 아호도 추측컨대 여기에서 따온 것이 아닌가 한다.

그림에 나타난 좌측의 건물들이 석실서원이다. 그림을 분석해 볼 때 석실서원은 전형적인 서원 형식을 갖추고 있었던 것으로 추정된다. 안쪽에는 사우가 보이고 서재 건물과 누정의 모습이 확연하다. 그림을 구체적으로 분석해 보면 다음과 같다.

중앙의 동산은 모장끝산으로 생각되며, 우측면에는 북두천이 흐르고 있다. 이 북두천은 원래 바위가 7개가 있어 칠성 바위라고 호칭된데서 붙여진 이름인데 지금은 홍유천이라고 불린다. 모장끝산의 능선 상단에 누정이 자리 잡고 있다. 건물 주변은 숲으로 둘러쌓여 있고 한강을 조망하기 좋은 장소로, 전망이 대단히 아름다웠을 것으로 집작

된다. 건물 규모는 정면이 2칸이고 측면은 불확실하지만 1칸 또는 1칸 반으로 추정된다. 건물 형태는 팔작지붕에 방 1칸과 누마루가 달린 복합누정이다. 서원의 별채로서 휴식공간으로 활용되었을 것으로 추정된다.

서원의 중심건물들은 좌측면 토미재 산기슭에 위치하고 있으며 3채의 건물이 보이는데 숲으로 가려져서 정확한 건물 수는 알 수 없다. 가장 위쪽의 건물은 사우이다. 규모는 짐작하기 어려우나 지붕의 형태는 맞배 양식을 취하였음이 확인된다. 이 건물의 장축은 동서선상으로 되어 있다. 사우로 추정되는 건물과 직각에 놓여 있는 물은 장축이 남북선상으로 되어 있으며 재실로 생각된다. 그림 상으로는 서재만이 확인 가능하나 숲에 가려진 부분에 동재가 있었을 것으로 추정된다. 재실은 팔작지붕 양식을 취하고 있다. 맨 아래 건물은 3칸으로 되어 있으며 벽이 없는 것으로 묘사되어 있어 누정으로 추측된다. 누정은 출입처로 사용되기도 하고 강당으로도 활용되나 이 경우 성격을 명확하게 규정할 수 없다. 서원의 아래로는 10여호의 초가들이 그려져 있다. 이 건물들은 독립된 가호(家戶)라기보다는 서원에 부속된 민가(民家)로 파악된다. 그것은 모든 가옥이 서원을 중심으로 설치된 긴 울타리 속에 위치하고 있는 것에서도 추정이 가능하다. 서원 소속의 노비 또는 전호들의 거주지일 가능성을 상정해 볼 수 있다.

이 외 석실서원도와 함께 서원의 규모를 추정할 수 있는 근거는 사료와 주민 증언이다. 각종의 문헌 사료에서 사우, 재실, 강당, 누정 건물과 연못 영당이 확인된다.

위 사료 및 주민 제보와 석실서원도의 분석을 종합하여 보면 석실서원 경내와 주변에는 다수의 건물과 시설이 영조되어 있었음을 알 수 있다. 서원은 사우와 재실, 강당, 누정, 고직사를 온전히 갖춘 전형적인 구조를 갖추고 있었으며, 전정에는 연당이 배치되고 있다. 서원 부근에는 영당이 있어 문충공 김상용·문충공 김수항·문강공 김창흡의 영정(影幀)을 모셨으며, 모장끝산에는 별도의 누정이 있어 별채 기능을 하였던 것으로 추정된다.

이 밖에 『양주읍지』「석실서원」 조의 기사를 보면 서원 소속의 원생이 20인이고 재직 10인, 모군 40인으로 나타나고 있다. 서원의 규모를 짐작하게 해주는 사료로 평가된다. 『양주읍지』의 간행시기가 흥선대원군의 서원철폐령이 내린 1868년(고종 5) 이후 인 1871년 이어서 현실을 정확히 반영하였는지 의문이 있지만 인원에 비례하여 다수의 건물군이 존재하였을 것으로 상정해 볼 수 있다.

이와 같이 자료 분석에 의거한 석실서원의 배치구조, 건물양식, 건물구조의 추정에는 일정한 한계가 있을 수밖에 없다. 그러나 서원유지가 완전히 교란된 현 상황에서는 간접적인 자료들이 서원의 형태와 규모를 근사하게나마 추정할 수 있는 유력한 근거가 된다는 점에서 새롭게 평가되어야 한다고 사료된다.

제 7 장
마무리

석실서원은 선원 김상용과 청음 김상헌을 기리기 위해 지어진 서원이다. 김상용은 의리와 지조를 으뜸으로 삼았으며 청나라를 섬기는 것보다 스스로 목숨을 끊는 길을 택한 것 또한 그의 강직한 성품이 고스란히 드러난 결과일 것이다. 그의 말과 행동은 언제나 서로 다르지 않았으니 비록 화려하게 돋보이는 꽃은 아니었지만 스스로의 기품이 고고하기 짝이 없는 꽃이었다. 그가 삶에 대해 반드시 믿으며 지키고 섬겨야 할 것을 〈좌우명(座右銘)〉이라는 글에서, "달도 차면 기울고, 그릇도 가득 차면 엎어지고, 가장 높은 위치에 오른 용은 후회가 있으며, 만족함을 알면 욕심이 없고, 권세는 믿을 것이 없으며, 욕심은 다할 수 없으니 하루 종일 경계하고 두려워하기를 깊은 연못에 임한 듯, 엷은 얼음을 밟는 듯이 하라."[01] 고 하였다. 뒤에 영조(英祖)는 그의 죽음을 두고 "청나라로 붙잡혀 간 삼학사(三學士)는 그렇다 하지만 반드시 죽지 않아도 될 대신이 스스로 목숨을 끊은 그 의리는 장엄하고 크다."고 했다. 또 "진정 어려운 것은 반드시 죽을 일이 아닌데도 스스로 죽는 것"이라고 말하며 그에게 존경을 표하기도 했다. 현재 터만 남아 있는 석실서원은 이렇게 해서 만들어졌다. 이곳은 김상용, 김상헌 형제들의 대나무와도 같이 곧고 쇠꼬챙이와 같이 강직한 성품이 빚어낸 숲이며 꽃밭이었던 것이다.

현재는 비록 쓸쓸한 모습으로 터만 남았을 뿐이지만 석실을 거쳐 간 많은 사람들의 흔적을 어찌 지울 수 있겠는가? 석실의 숲이 그토록 울창할 수 있었던 것은 선원 김상용과 청음 김상헌이 거름이 되었던 까닭이다.

그 거름으로 낙학(洛學)의 종장인 농암 김창협, 삼연 김창흡이 우뚝한 나무가 되었으며 또 그들의 문인이었던 기원(杞園) 어유봉(魚有鳳), 성재(誠齋) 민이승(閔以升), 지촌(芝村) 이희조(李喜祖), 송암(松巖) 이재형(李載亨), 여호(黎湖) 박필주(朴弼周), 겸재(謙齋) 정선(鄭敾), 사천(槎川) 이병연(李秉淵), 도암(陶庵) 이재(李縡), 대곡(大谷) 김석문(金錫文)와 같은 인물들은 석실서원의 울타리가 되었다.

그러한 학림(學林)의 숲에서 미호 김원행(1702~1772)이 꽃으로 피었던 셈이다. 그는 신임사화로 생부인 죽취(竹醉) 김재겸(金濟謙), 조부인

---

01 『仙源遺稿』(下), 「雜著」, 〈座右銘〉, "月盈則缺, 器滿則覆, 亢龍有悔, 知足不辱, 勢不可恃, 欲不可極, 夙夜戒懼, 臨深履薄."

몽와(夢窩) 김창집(金昌集) 그리고 친형인 김성행(金省行)을 잃자 도성을 떠난 후로는 단 한발자국도 도성에 발을 들여 놓지 않은 인물이다. 그 일을 계기로 그는 석실서원에서 강학을 하며 후학들을 길렀으니 녹문(鹿門) 임성주(任聖周)·제헌(霽軒) 심정진(沈定鎭)·근재(近齋) 박윤원(朴胤源)·영재(寧齋) 오윤상(吳允常) 등 저명한 문인들이 그의 문하에 출입하였으며, '이재난고(頤齋亂稿)'를 쓴 이재(頤齋) 황윤석(黃胤錫), 북학(北學)의 이론적 바탕을 제공한 담헌(湛軒) 홍대용(洪大容)과 같은 정통 주자학 계열에서 벗어난 인물들도 있었다.

특히 석실서원은 처음에는 서인(西人) 계열의 서원으로, 노론과 소론이 갈릴 때는 노론계 서원으로, 그리고 노론 내에서 인물성(人物性) 논쟁으로 호론(湖論)과 낙론(洛論)이 갈릴 때에는 낙론의 중심축이었으며, 조선 후기를 더욱 빛나게 만든 진경문화(眞景文化)의 꽃을 피우기도 했다. 뿐만 아니라 김석문이나 황윤석 그리고 홍대용에게로 이어지는 학문의 경향은 점점 정통 주자학과는 또 다른 것을 추구하고 있었으니 갖은 나무들과 꽃들이 어울려야 큰 숲이 되듯이 석실의 품은 아주 넉넉하고 자유분방하여 이윽고 아름드리나무들이 자라고 온갖 꽃들이 피어나는 큰 숲이 되었던 것이리라.

석실서원의 풍광은 비온 뒤 안개가 자욱한 해저물녘으로 석실서원 유지(遺址)에서 내려다보는 미호(渼湖)는 그야말로 절경이라고 하겠다. 다만 아쉬운 것은 그 미호에 돛단배가 없다는 것이며, 그 양 옆으로 거대한 콘크리트 다리가 놓여 있는 것이다. 그러나 이 석실서원은

17~19세기 초까지 서인 노론계의 이념의 공간이었으며, 또 낙론계의 중심축으로 역사에 길이 남을 강학(講學) 터였던 것이다.

편집후기

1. 이 책은 학생과 일반인들에게 석실서원을 이해하는데 도움을 주기위해 발간하였다.
2. 조사 · 연구가 부족하여 내용이 미흡한 부분은 추후 보완하기로 한다.
3. 책 발간에 협조해주시고 그 밖에 자료정리와 입력 등 작업과정에 도움을 주신 모든 분들에게 감사드린다.

필자

윤종일 서일대학교 민족문화과 교수, 다산문화연구소 소장

임병규 한국탁본자료박물관 관장, 전 남양주향토사료관 관장

민경조 퇴계원산대놀이보존회 회장

김희찬 경희대학교 교수, 경희대학교 중앙박물관 관장

나호열 경희대학교 사회교육원 주임교수

편집위원(가나다 順)

다산문화연구소
다산문화 시리즈 09

남양주 석실서원

인　　쇄　2014년 10월 23일
발　　행　2014년 10월 30일
필　　자　윤종일 · 임병규 · 민경조 · 김희찬 · 나호열

발 행 인　한정희
발 행 처　경인문화사
등록번호　제10-18호(1973. 11. 8)
주　　소　서울특별시 마포구 마포동 324-3
전　　화　02-718-4831~2　팩　　스　02-703-9711
이 메 일　kyunginp@chol.com
홈페이지　http://kyungin.mkstudy.com

ISBN 978-89-499-1044-4 03090
값 13,000원